PRATIQUE DU MÉTRÉ

DES

TRAVAUX DE PLATRERIE

DITS

LÉGERS OUVRAGES EN PLATRE

1926

LA PRATIQUE DU MÉTRÉ DES TRAVAUX DE PLATRERIE

DITS

LÉGERS OUVRAGES EN PLATRE

MODE DE MÉTRER DE LA SÉRIE DES PRIX DE LA SOCIÉTÉ CENTRALE DES ARCHITECTES (ÉD. 1924)

Par F. JUMEAUX

Auteur du *Manuel Précis (1923)* et de la *Pratique du Mode de Métrer des Travaux de Peinture (1925)*

1926

L'ouvrage complet *Légers ouvrages en plâtre*, en élégant format poche, est en vente au prix de 12 francs

LIBRAIRIE MASSIN & Cie

51, RUE DES ÉCOLES - PARIS-Ve

PRÉFACE

A la demande de beaucoup de lecteurs de notre Manuel « La Pratique du Mode de métrer des travaux de peinture », *nous avons composé, sous une forme aussi concise que possible, le mode de métrer les travaux de plâtrerie, dits* « Légers ouvrages », *devant précéder les travaux de peinture.*

Il arrive très souvent que, pour la remise en état d'un logement par exemple, divers travaux préparatoires de maçonnerie doivent être exécutés sans retard, et, s'ils ne sont pas assez importants pour nécessiter le dérangement d'un entrepreneur de maçonnerie, le peintre est parfois obligé de s'en charger en faisant appel au besoin à des ouvriers maçons. Notre petit Manuel a pour but d'indiquer, le plus simplement possible, la façon de métrer rapidement les légers ouvrages exécutés d'après la série des prix de la Société centrale des Architectes, édition 1924.

Il s'adresse tout particulièrement aux entrepreneurs de maçonnerie qui doivent très souvent établir des devis urgents hors de leur bureau.

Nous pensons aussi qu'il peut être un aide-mémoire utile aux architectes, et métreurs.

Enfin, grâce aux nombreux croquis d'exécution avec barème montrant à première vue les évaluations en léger à compter, les intéressés se familiariseront rapidement avec le mode de métrer de la série.

LÉGERS OUVRAGES EN PLATRE

NOTIONS GÉNÉRALES

Tous les travaux qui ne font pas partie du gros œuvre d'un bâtiment et dont l'exécution nécessite l'emploi du plâtre, sont désignés à la *Série de la Société Centrale des Architectes* sous la dénomination de **" Légers ouvrages en plâtre "**.

La Série indique la façon d'évaluer ces travaux au **mètre superficiel**, au **mètre linéaire**, ou à la **pièce.**

C'est cette façon de **compter** ou de **métrer** que nous allons nous efforcer de développer avec le plus de clarté possible.

PRINCIPAUX MATÉRIAUX EMPLOYÉS DANS LES "LÉGERS OUVRAGES EN PLATRE"

Le **plâtre** forme la base principale des légers ouvrages en plâtre

On emploie aussi :

1° Les **plâtras** pour les hourdis de trémies, planchers et cloisons, etc.

2° Les **carreaux de plâtre**.

3° Les **bardeaux** et les **lattis**.

4° Les matériaux accessoires : **fils tendeurs** pour les cloisons, les **clous à bateau** et les **rappointis** pour hourdis et saillie-masse.

DU PLATRE

On utilise dans la construction deux sortes de plâtre :

1° LE PLATRE A MODELER qui est surtout utilisé par les peintres pour rebouchement de crevasses, raccords soignés des corniches, etc.; il est d'un usage courant pour les sculptures. Il provient du gypse filamenteux.

2° PLATRE DE CONSTRUCTION. — Ce plâtre provient de la **pierre à plâtre** ou **gypse** qui est un sulfate de chaux hydraté.

La pierre à plâtre des environs de Paris contient aussi du carbonate de chaux et de l'argile dans la proportion de 10 % environ et un peu plus de 20 % d'eau dite « eau de cristallisation ».

La cuisson de la pierre à plâtre, à une température de 120° environ, a pour but de faire évaporer l'eau de cristallisation et de rendre la pierre friable.

Le plâtre cuit est ensuite réduit en poudre pour être livré dans le commerce sous les dénominations de :

a. Plâtre au panier, tout venant non tamisé, ou encore de **gros plâtre**. Il sert à hourder les murs, les cloisons, les hourdis et à faire les crépis ou les enduits, ceux d'un grenier par exemple.

b. Plâtre au sas, qui est passé au tamis de crin appelé **sas**; il sert à faire les enduits ordinaires, plafonds, devant généralement recevoir de la peinture ou de la tenture.

c. Plâtre au tamis de soie. — Pour les enduits ou plafonds très soignés (sur ordre spécial) le plâtre est passé au tamis de soie. Très souvent cette opération se fait dans les chantiers.

QUALITÉ ET USAGE DU PLATRE
MODE HABITUEL DE LIVRAISON ET D'EXPÉDITION

La mauvaise qualité du plâtre est due le plus souvent à la cuisson qui n'est pas toujours à point.

Si le plâtre n'est pas assez cuit, il n'absorbe l'eau du gâchage qu'imparfaitement. Si, au contraire, il est trop cuit, il refuse l'eau parce qu'il est vitrifié ; il est maigre, graveleux, à l'emploi il s'égrène au lieu de former une pâte. Les enduits faits avec ce plâtre n'ont pas un bon aspect et doivent subir une moins-value.

Avant l'emploi, les bons ouvriers s'assurent pour chaque sac (car dans une même livraison il peut y avoir du bon et du mauvais plâtre) que le plâtre est de bonne qualité si, en le maniant, il est doux et s'attache aux doigts.

Le plâtre se prête aux usages les plus variés. Dans la région parisienne, où il est en abondance et de très bonne qualité, on l'emploie même pour faire des enduits extérieurs qui ont un très bon aspect ; sa facilité d'emploi permet d'y pousser les bandeaux et moulures les plus variés. Les plâtres sur **murs extérieurs** ont l'inconvénient d'être peu résistants à l'air ; ils se boursouflent, se cloquent, des fissures se produisent, et l'humidité pénètre à travers les maçonneries jusqu'à l'intérieur.

Néanmoins, si on a soin de protéger ces enduits par une bonne peinture, ils peuvent durer un certain temps.

A l'intérieur, au contraire, le plâtre est tout indiqué pour tout ce qui n'est pas gros œuvre :

Hourdis des planchers, cloisons, confection des divers enduits, plafonds, corniches diverses pour décoration des appartements, et enfin tous calfeutrements et scellements. Pour ces derniers surtout il rend de très grands services en raison de sa rapidité de prise.

Livraison et Expédition. — Dans la région parisienne, le plâtre est le plus souvent livré en sacs de 25 litres (1/40 de mètre cube, c'est-à-dire 40 sacs pour un mètre cube).

La livraison se fait aussi en sacs de 50 litres, 20 sacs au mètre cube.

L'expédition en province par chemin de fer ou par eau, se fait à la tonne. Le poids du mètre cube de plâtre étant de 1225 kgr. environ, il y a approximativement 800 litres dans une tonne soit les 4/5 d'un mètre cube. Le prix de la tonne doit donc être à peu près les 4/5 du prix du mètre cube.

Le plâtre gâché et humide pèse 1.600^k le m^3.
— — et sec — 1.400^k —

PLATRAS

On désigne sous le nom de **plâtras**, des morceaux de plâtre très uniformes provenant de la démolition d'anciennes constructions hourdées au plâtre (c'est le vieux mortier de plâtre). Mais c'est surtout de la démolition de cloisons en plâtre, pans de bois, planchers, que l'on retire les meilleurs plâtras.

Dans une démolition on peut trouver :

1° **Des plâtras humides ou salpêtrés** qui proviennent de la démolition des fondations ou murs humides. Ils sont à rejeter.

2° **Des plâtras secs.**

Parmi ces derniers on distingue les plâtras **noirs** ou **bistrés** et les **plâtras blancs.**

Les plâtras noirs ou bistrés proviennent de la démolition d'anciennes languettes de cheminées, ou d'anciens hourdis de plancher avoisinants les conduits de fumée ; on ne doit pas les admettre dans les hourdis neufs, car le bistre finit toujours par traverser les enduits.

Les plâtras blancs secs, qui sont prévus à la série des architectes, sont donc seuls à employer dans les hourdis de planchers, cloisons, etc.

Comme plâtras on utilise aussi des déchets de carreaux de plâtre.

Les plâtras peuvent être employés dans un hourdis de plancher, cloison, et se comptent dans les légers ouvrages au mètre superficiel.

Ils peuvent être utilisés pour la construction de murs, **renformis** ou garnissage et se comptent au mètre cube.

CARREAUX DE PLATRE

Ce sont des sortes de panneaux formés d'un mélange de plâtras ou de mâchefer avec du plâtre au panier, gâché. Les côtés sont généralement à noix et gueule de loup, de façon à former de bons joints de liaisonnement.

Les carreaux de 0.05 d'épaisseur servent à faire la cloison pleine, dite légère, de 0.08 d'épaisseur avec les 2 enduits pour la distribution des appartements. Ce type de cloison est presque uniquement fait dans la région parisienne.

Les carreaux les plus employés sont de deux sortes :

Ceux dont les dimensions correspondent à :

1° 4 au mètre superficiel.

2° 6 — —

Ils pèsent 1.400k environ le mère cube et le prix de vente est généralement établi au cent.

BARDEAUX - LATTIS

BARDEAUX. Les bardeaux prévus à la série sont composés de lattis en cœur de chêne de 0.007 d'épaisseur, de 0.04 de largeur et de 0.27 à 0.40 de longueur.

La série 1913 indiquait 3 longueurs de bardeaux : 0.27, 0.33 et 0.40.

La série 1924 donne seulement les bardeaux de 0.27 de longueur.

Ils peuvent être posés (sans être cloués) sur les solives pour recevoir une aire en plâtre (fig. 1). C'est ce genre de fourniture et pose de bardeaux qui est prévu à la série centrale des architectes pour 0m25 de léger. On pose aussi très souvent les bardeaux entre solives sur des tasseaux cloués sur le côté des solives (fig. 2). Ce système un peu plus coûteux à cause des déchets de pose, a l'avantage sur le premier de ne pas augmenter l'épaisseur du plancher. Il est d'usage d'accorder une plus-value pour déchet de coupe et sujétion de pose de 0.08 léger, soit 0.25 + 0.08 = 0.33 léger, non compris la fourniture et pose des tasseaux (Pour la fourniture et pose des tasseaux voir page 14).

Dans le cas où la longueur des bardeaux correspondrait exactement à la largeur des entrevous des solives, la plus-value de 0.08 léger devrait être réduite et même supprimée s'il n'y a aucun déchet.

LATTIS EN CŒUR DE CHÊNE. Ce lattis est composé de lattes ordinairement en cœur de chêne de 0.005 d'épaisseur, de 0.03 de largeur et de 1m30 de longueur. La vente se fait par botte de 52 lattes.

Les lattis sont fournis et posés par le maçon en sous-face des solives ou des chevrons ou sur les faces des poteaux de pans de bois avant de faire les augets ou les hourdis; on distingue 2 sortes de lattis :

le *lattis espacé* de 0.10 d'axe en axe et le *lattis jointif.*

LE LATTIS ESPACÉ OU A CLAIRE-VOIE est employé lorsqu'il y a hourdis (il permet à l'enduit de s'attacher aux hourdis) :

1° Pour les planchers et lambris devant être faits en auget.

2° Pour tous les pans de bois et cloisons.

3° Pour les recouvrements de pièces de bois.

Il se mesure au mètre superficiel à 0.08 léger.

LE LATTIS est dit **JOINTIF** chaque fois que les lattes se touchent, par exemple pour une aire de plancher ou un plafond sans auget.

Le lattis pour aire en plâtre non cloué se compte comme le bardeau.

Le lattis jointif est employé chaque fois qu'il n'y a pas hourdis, comme sous les solives d'un faux plancher et sous chevrons par exemple.

LATTIS MÉCANIQUE.—C'est une sorte de treillage en chêne, en châtaignier ou en sapin, composé de petites baguettes de 0m008 à 0m012 de largeur sur 0m006 à 0m008 d'épaisseur réunies par des cours de fils de fer. La fourniture et pose en plafond y compris founiture et pose de crampons vaut, à la Série des Architectes (éd. 1924), 9.05 le mètre carré, soit converti en léger $\frac{9.05}{22.60}$ = 0m40 léger.

Dans la banlieue parisienne on emploie beaucoup ce lattis pour les enduits faits en sous-œuvre sous les chevrons (lambris) et même pour les plafonds.

Dans ce dernier cas, il est bon de le consolider par un recouvrement en plâtre de 0.015 à 0.02 d'épaisseur fait par le dessus entre les solives. On peut l'évaluer à 0m10 léger.

L'évaluation en léger de plafond avec lattis mécanique en chêne et recouvrement de l'entrevous serait donc de :

Lattis mécaniques en chêne	0m40 léger
Enduit en plafond.	0m50 —
Recouvrement évaluation par analogie . . .	0m10 —
Total	1m00 léger

soit aux $\frac{100}{100}$ léger le mètre superficiel.

au lieu de $\frac{110.5}{100}$ pour le plafond à auget ordinaire.

CLOUS A BATEAU — RAPPOINTIS

Clous. — Pour permettre l'adhérence du plâtre sur les pièces de charpente ou menuiserie devant être recouvertes d'un enduit, on larde, c'est-à-dire on pique des **Clous** dits à **bateau** ou **mariniers** tous les 0.10 environ. On désigne cette opération sous le nom de **lardis** de clous et s'évalue en léger :

au mètre linéaire	0.015 sans fourniture de clous. 0.025 avec —
au mètre superficiel	0.05 sans fourniture de clous 0.10 avec —

Rappointis. On emploie les rappointis (morceaux de fer appointés d'un côté, sortes de grands clous) pour maintenir une forte charge de plâtre, une masse, une saillie de corniche, pour l'établissement des trémies, etc. On désigne sous le nom de **lancis**, la pose des rappointis qui est admise par l'usage en évaluation de léger 0.08 le mètre superficiel.

TENDEURS

On désigne sous ce nom les fils de fer que l'on place tous les 0.80 de hauteur pour maintenir l'écartement des poteaux et huisserie contre la poussée des plâtres.

La pose seule de ces fils avec pitons, pattes, tirefonds, se compte au mètre superficiel de cloison pour 0.05 léger, on compte en plus chaque trou et scellement de piton, patte, pour 0.05 léger.

La fourniture des tendeurs est faite par le serrurier. Si elle est faite par le maçon on peut évaluer cette fourniture à 0.05 léger.

MODE DE MÉTRER LES LÉGERS OUVRAGES ET CROQUIS D'EXÉCUTION

QUELQUES PRÉCISIONS SUR LES LÉGERS OUVRAGES

Comme nous l'avons déjà dit, tous les travaux exécutés avec du mortier de plâtre et qui ne font pas partie du gros œuvre, sont désignés à la série des Architectes sous la dénomination de « LÉGERS OUVRAGES EN PLATRE ».

Les **évaluations** [1] données à la série dans ce chapitre sont toutes basées sur la cloison en carreaux de plâtre (de 0.08 d'épaisseur avec les deux enduits) qui est prise pour unité d'évaluation, de comparaison.

Cette unité, que l'on désigne sous le nom de « **UNITÉ DE LÉGER** » se détermine comme suit :

Cloison en carreaux de plâtre avec les 2 enduits	Fourniture des carreaux éval.	$0^{m}33$ léger
	Pose et scellement des dits. .	$0^{m}17$ —
	Enduit sur les 2 faces 2 à 0 25	$0^{m}50$ —
	Total	$1^{m}00$ léger

on dit que la cloison est aux $\frac{100}{100}$ de léger.

Le prix de l'unité de léger donné par la Série éd. 1924, étant de 22 fr.60, le mètre superficiel de cloison vaudra $22.60 \times 1^{m} = 22$ fr. 60 (non compris les poteaux et fils tendeurs).

Les différentes évaluations en léger de la Série de la Société Centrale des Architectes (qui sont à peu près celles déjà données

1. Dans l'établissement des mémoires, d'après série, il ne faut pas confondre « *évaluation* » avec « *estimation* » :

Évaluation signifie réduire à une commune mesure, comme par exemple à l'unité de léger, à l'unité de démolition des légers, à l'unité d'échafaudage.

Estimation signifie estimer à prix d'argent.

par la série de la Ville de Paris de 1859) ont été calculées proportionnellement à la valeur de la cloison pleine légère de 0.08 d'épaisseur, prise pour **unité.**

On a admis 3 manières d'évaluer les légers ouvrages :

1° Au mètre superficiel.

2° Au mètre linéaire.

3° A la pièce.

Les articles sont indiqués à la série dans l'ordre alphabétique.

Il y a un réel avantage pour l'Entrepreneur, l'Architecte et le Métreur, à connaître, avec précision, les différentes évaluations de la série, c'est-à-dire savoir à quel travail se rapporte exactement chaque texte.

Les non-familiarisés avec la série éprouvent des difficultés, parfois décourageantes, pour la comprendre, parce qu'ils ne connaissent pas très bien la signification exacte des termes employés dans les travaux.

Les croquis indiqués à l'appui de l'explication des libellés de la série ont surtout pour but de faire connaître, par l'image, donc sans effort de mémoire, la signification exacte des travaux. Par ces croquis, le lecteur pourra aussi grouper facilement, sans oubli, les différentes façons indiquées à la série alphabétiquement (et non dans l'ordre d'exécution) et qui doivent faire partie d'un prix composé.

Par exemple :

Le plafond à augets ordinaires comprend les façons suivantes indiquées ci-après, dans l'ordre d'exécution des travaux :

Nos 818	(série 1924)	Lardis de clous sur les solives . .	**0m10**
743	—	Auget ordinaire	**0m42**
819	—	Lattis en cœur de chêne . . .	**0m085**
764	—	Enduit en plâtre au sas . . .	**0m50**
		Total. . .	**1m105**

soit aux $\frac{110.5}{100}$ de léger et le prix d'un mètre superficiel de plafond d'après la série 1924 sera de 22 fr. 60 × $\frac{110.5}{100}$ = 24 fr. 97

On peut voir, par les nos 818,743, 819 et 764, que ces travaux ne se suivent pas à la Série, ce qui rend parfois difficile l'évaluation, sans oubli, des prix composés, alors que le croquis (fig. 1, page 13) permet à première vue de se rendre compte des façons à métrer.

MODE DE MÉTRER ET CROQUIS

Toutes les évaluations et explications ci-après se rapportent aux légers ouvrages de la série des Architectes (édit. 1924).

PLANCHERS ET PLAFONDS

Les planchers servent à séparer les différents étages d'une construction. Ils se composent de 3 parties :

1° de l'ossature ou solivage (en bois ou en fer),
2° du remplissage de cette ossature en maçonnerie,
3° du carrelage ou du parquet.

Nous ne parlerons que du 2° (maçonnerie). Les planchers peuvent être en bois ou en fer, c'est-à-dire établis avec solives en bois ou solives en fer à I.

PLANCHER EN BOIS. Un plancher en bois (fig. 1, 2 et 3, pages 13, 14 et 15) est fait :

1° En augets entre solives avec lattis.
2° Avec ou sans enduit au plafond.
3° Avec ou sans aire en plâtre devant recevoir un carrelage ou des lambourdes pour parquet.
4° En hourdis plein entre solives.
5° Avec aire en plâtre sur bardeaux posés en entrevous (entre les solives) et enduit de la sous-face compté au n° 783 de la série, voir fig. 5 et 6 (page 20).

PLANCHER EN FER. Dans un plancher en fer il n'y a pas de lattis, par conséquent pas d'auget, mais un remplissage entre solives appelé **hourdis, avec ou sans enduit en plafond.** Ce hourdis peut être fait en béton, en briques, en terre cuite, en carreaux de liège, ou, plus économiquement, en plâtras hourdés au mortier de plâtre (voir fig. 7 et 8, page 21).

AIRE EN PLATRE. L'aire en plâtre prévue pour 0.25 léger au n° 740 de la série 1924 est celle indiquée à la fig. 1 ci-dessous.

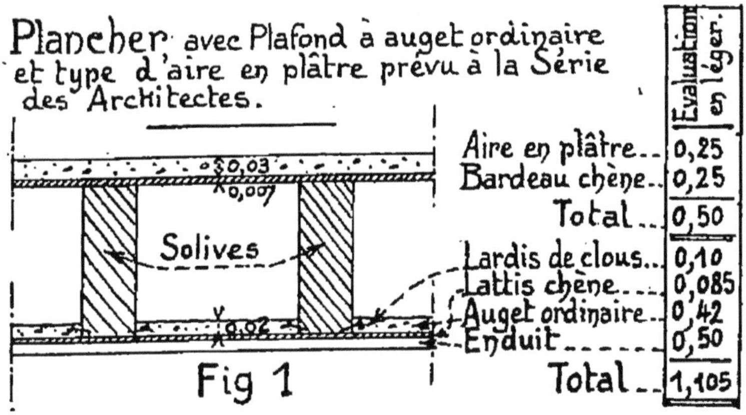

Plancher avec Plafond à auget ordinaire et type d'aire en plâtre prévu à la Série des Architectes.

0,03
0,007
Solives
0,02

	Evaluation en léger.
Aire en plâtre..	0,25
Bardeau chêne..	0,25
Total..	0,50
Lardis de clous..	0,10
Lattis chêne....	0,085
Auget ordinaire..	0,42
Enduit......	0,50
Total..	1,105

Fig 1

C'est une couche de plâtre coulé sur les bardeaux posés (mais non cloués) sur les solives.

(Pour la description des bardeaux chêne voir page 7).

L'épaisseur de l'aire est ordinairement de 0.03 d'épaisseur. Toute épaisseur en plus ou en moins doit être demandée spécialement.

AIRE EN ENTREVOUS. L'aire en plâtre se fait aussi entre solives suivant les dispositions de la fig. 2, page 14.

Les bardeaux qui doivent recevoir l'aire sont posés sur des tasseaux cloués sur les côtés des solives.

Ce type d'aire, de plus en plus employé, n'est pas prévu à la série des architectes. Généralement on compte une plus-value pouvant aller jusqu'à 0.08 de léger sur l'aire établie avec bardeaux posés sur solives.

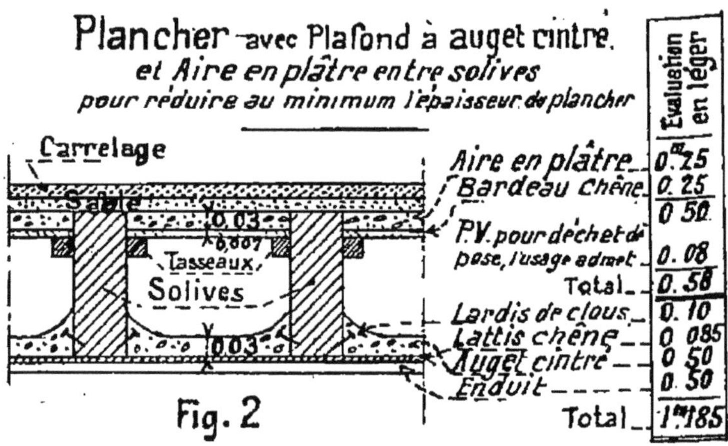

Fig. 2

Nous avons indiqué à la description bardeaux (page 7), dans quel cas cette plus-value pouvait être comptée.

La fourniture et pose des tasseaux est à compter en plus pour 1 mètre superficiel de plancher. On peut l'estimer :

Tasseaux en sapin de 25/27 :

6m à 0.70 = 4,20 soit en léger 0m185.

Tasseaux 20/25 :

6m à 0.65 = 3,90 soit en léger 0m17.

Avec cette aire entrevous on peut poser le carrelage (dans un cabinet de toilette, salle de bains, cuisine) au niveau du parquet des autres pièces.

AUGETS ET PLAFONDS. — **L'auget** est une couche de plâtre étendue entre deux solives sur des lattis cloués à la sous-face des solives. Un coffrage horizontal ou cintrage en planches, est posé sous le lattis. Le prix de ce coffrage est compris dans l'évaluation de l'auget.

L'auget est dit **ordinaire** ou **plat** (fig. 1) et se compte au mètre superficiel pour 0.42 léger (épaisseur minimum 0.02).

L'auget est dit **cintré** en **gorge** si le plâtre est relevé de chaque côté des solives. Pour une épaisseur de 0.03 au moins, il est évalué à 0.50 léger, les solives non déduites dans le mesurage.

L'auget ordinaire avec plafond, c'est-à-dire avec enduit à la sous-face du lattis (après décoffrage) évalué au $\frac{110.5}{100}$ ou 1^m105 léger pour 1^{m2} de plancher, se décompose comme suit :

Auget ordinaire aux $\frac{42}{100}$	0.42	
Lattis en cœur de chêne aux $\frac{8.5}{100}$	0.085	
Si un lardis de clous a été fait	0.10	0.685A
Enduit en plafond au sas.		0.50
Total. . . .		1.105

L'auget cintré en gorge vaut :

Auget cintré	0.50
Lattis lardis de clous et enduit en plafond comme l'auget ordinaire A ci-dessus.	0.685
Total. . . .	1.185

On dit habituellement :

plafond avec auget cintré aux $\frac{118.5}{100}$ léger.

PLAFOND AVEC LATTIS MÉCANIQUE. Le plafond se fait aussi avec du lattis mécanique cloué à la sous-face des solives suivant les dispositions de la figure 3.

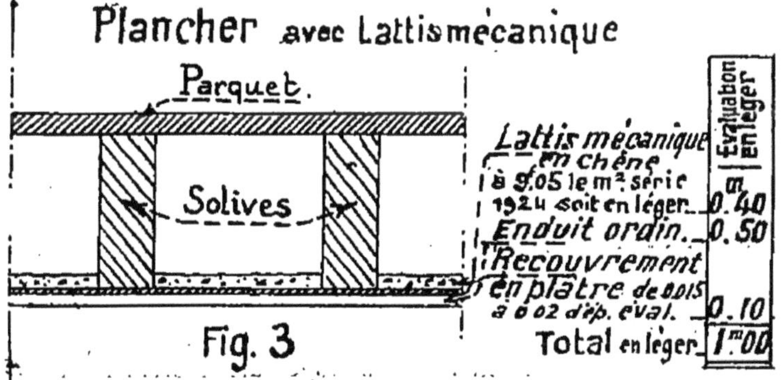

Fig. 3

Nous avons indiqué, page 8, que l'évaluation d'un plafond mécanique en chêne était de . . . . 0m90 léger et que, s'il y a recouvrement de l'entrevous, l'évaluation peut être comptée à 0m90 + 0m10 = 1m ou 100/100 de léger.

AUGET EN SOUS-ŒUVRE, dit à l'italienne. Lorsque dans une réparation de plafond on est obligé de refaire l'auget par en-dessous au lieu de couler le plâtre par le dessus du plancher, on dit que l'auget est fait en sous-œuvre. Il est accordé une plus-value au mètre superficiel de 0.05 léger.

CLOISONS

LA CLOISON EN CARREAUX DE PLATRE DE 0.08 D'ÉPAISSEUR (fig. 4, page 17) est évaluée aux $\frac{100}{100}$ ou unité de léger.

Nous rappelons le détail de l'évaluation :

Carreaux en plâtre	pour fourniture et pose	0.50
	enduits à 2 à 0.25	0.50
	Total :	1.00

C'est le type de cloison le plus utilisé pour la distribution des appartements.

Pour maintenir les huisseries ou les poteaux contre la poussée des plâtre, on pose, tous les 0.80 de hauteur environ, des **fils de fer tendeurs** avec des pattes, des tirefonds. La pose est prévue à la série pour 0.05 léger. La fourniture est généralement faite par le serrurier.

Si elle est faite par le maçon on peut l'évaluer à 0.05 léger.

Pour chaque trou et scellement de pitons, etc., il est admis, par l'usage . . . . 0.05 léger.

La cloison en carreaux de plâtre peut être faite sans enduits, c'est-à-dire les **carreaux jointoyés aux 2 faces.**

L'évaluation est de . . . . $\frac{75}{100}$ léger

(0,50 léger plus 2 fois les joints, 0.125 = 0.75).

Si les carreaux doivent être remployés ultérieurement dans la construction, la fourniture n'est pas à compter et l'évaluation s'établit comme suit :

Pose et scellement des carreaux . .	0m17
Joints 2 fois 0.125.	0 25
Total	0m42 ou aux $\frac{42}{100}$

La dépose avec soin se compte :

dépose des carreaux	0.05	léger
décrottage	0.08	léger
déchet (1/5 environ de la fourniture)	0.07	—

Cloison en carreaux de plâtre

1,5

Fil tendeur { Pose (éval. serie) en lég. ... 0m05
Fourniture ... 0.05

1,5 5 1,5 8 8

Fig. 4.

Carreaux de plâtre	Fourniture éval. en lég.	0m33
	Montage et pose	0m17
Enduits 2 à 0m25 lég.		0.50
Total (Unité de léger)		1m00

(non compris fil tendeur et poteaux)

CLOISON LÉGÈRE DE 0.08 D'ÉPAISSEUR AVEC HOURDIS PLEIN, se compte avec les 2 enduits aux $\frac{100}{100}$ de léger.

Elle se compose généralement :

1° d'un hourdis plein entre poteaux pour	0.33	léger
2° de 2 lattis espacés à 0.085.	0.17	—
3° de 2 enduits plâtre au sas, 2 à 0.25	0.50	—
Total	1.00	—

On établit cette cloison en opérant comme suit : sur les poteaux, on cloue le lattis d'un côté, on pose un coffrage à l'extérieur de ce lattis; on fait le hourdis au plâtras et plâtre, puis on cloue le 2e lattis, et enfin on applique les deux enduits de recouvrement.

CRÉPIS ENDUITS

Ce sont des recouvrements de la maçonnerie au moyen d'une couche de plâtre.

CRÉPI ORDINAIRE. — On appelle crépi un enduit grossier exécuté avec du plâtre au panier, en une seule opération, c'est-à-dire que le plâtre jeté à la truelle est aussitôt étendu (ou lissé) à la taloche (planchette avec une poignée dans le milieu). Si même le plâtre commence à prendre dans l'auge on l'étend directement avec la taloche. Ces crépis sont évalués aux $\frac{17}{100}$ léger.

CRÉPI MOUCHETÉ. — Si, sur le crépi ci-dessus (ou gobetis lissé grossièrement), on fait une 2e opération consistant à recouvrir ce gobetis d'un enduit jeté au balai on à un crépi moucheté évalué aux $\frac{30}{100}$ de léger.

ENDUIT EN PLATRE AU PANIER OU AU SAS. —On désigne, sous ce nom, tous les enduits comportant 2 opérations d'exécution, le gobetis et l'enduit proprement dit dressé à la règle avec des nus.

Si on emploie du plâtre au sas, l'évaluation est aux $\frac{25}{100}$ de léger (0.08 plus en sur meulière). Avec l'emploi de plâtre au panier, nécessitant même main-d'œuvre que l'enduit en plâtre au sas, l'évaluation est de $\frac{21}{100}$ de léger, la moyenne entre le crépi ordinaire $\frac{17}{100}$ et l'enduit au sas $\frac{25}{100}$ ou $\frac{\frac{25+17}{2}}{100} = \frac{21}{100}$.

L'enduit sur plafond ou sur lambris [1], est évalué au double de l'enduit sur mur (qu'il soit au panier ou au sas).

Très souvent on désigne cet enduit sous le nom de **plafond**.

On complète cette désignation par l'indication des autres façons exécutées. On dira par exemple :

Plafond avec auget ordinaire, évaluation en léger aux $\frac{110.5}{100}$

Plafond avec auget cintré, aux. . . . . $\frac{118.5}{100}$

Plafond avec lattis mécanique en chêne, aux. . . . $\frac{90}{100}$

Plafond avec lattis mécanique chêne et recouvrement de l'entrevous, aux. . . . . $\frac{100}{100}$

RACCORDS D'ENDUIT

Les raccords d'enduit sur vieux murs ou cloisons se comptent :

1° *au mètre superficiel* (prix de l'enduit plus le hachement) pour raccords au-dessus de 0m24 de largeur et de plus de 0m80 à l'équerre.

2° *au mètre linéaire.*

a. Le raccord d'enduit jusqu'à 0m12 de largeur désigné sous le nom de **crevasse** est évalué à 0m05 sur murs et 0m08 sur plafond.

b. Le raccord d'enduit au-dessus de 0m12 jusqu'à 0m24 de largeur appelé **naissance** se compte en léger :

pour 0m08 sur mur et 0m12 sur plafond.

3° *A la pièce* l'évaluation en léger est de :

Jusqu'à 0m15 à l'équerre (c'est-à-dire longueur + largeur)	0m05
0m15 à 0m30 à l'équerre	0m08
0m30 à 0m50 —	0m10
0m50 à 0m80 —	0m12
En plafond	moitié en plus.

Tous ces raccords comprennent le hachement des anciens enduits.

1. *Lambris.* On appelle *lambris* un plafond incliné, celui d'un grenier, d'une chambre mansardée par exemple.

RENFORMIS. On désigne, sous ce nom, la surépaisseur de la charge normale jusqu'à 0.02 d'épaisseur de l'enduit.

Les indications de la série sont très claires pour l'évaluation des renformis (voir page 32).

ENTREVOUS enduit au plâtre. On désigne ainsi les enduits exécutés sur un entrevous de solives, c'est-à-dire entre les solives.

Par exemple, lorsque les solives doivent rester apparentes, on peut enduire le dessous du bardeau de l'aire (fig. 5), il est évalué

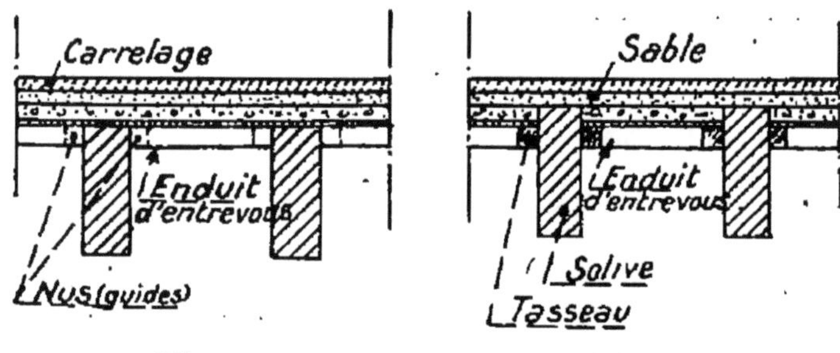

Fig. 5. *Fig. 6.*

aux $\frac{33}{100}$, compris les nus (sortes de guides au plâtre que l'on établit pour dresser l'enduit à la règle).

Dans la fig. 6 les tasseaux peuvent dispenser des nus s'ils ont la même épaisseur que l'enduit.

L'enduit de l'entrevous des solives en fer à I ne se fait que très rarement lorsque les solives doivent rester apparentes en partie. Il est évalué aux $\frac{60}{100}$ soit 10/100 de plus que l'enduit fait d'un seul coup, évalué aux $\frac{50}{100}$

RECOUVREMENT en plâtre. On appelle recouvrement, l'enduit en plâtre au sas, fait sur poterie ou sur lattis de pans de bois ou plafond.

Ils sont évalués :

sur cloison compris lattis espacés. 0m33

(enduit 0.25 + 0.085 lattis).

avec lattis jointif 0m75

(0.25 enduit plus lattis jointif 0.50).

sur plafond avec lattis jointif 1m00

(enduit 0.50 + lattis jointif 0.50).

HOURDIS. On désigne sous le nom de hourdis, dans les légers ouvrages, une maçonnerie de remplissage en plâtras hourdés au

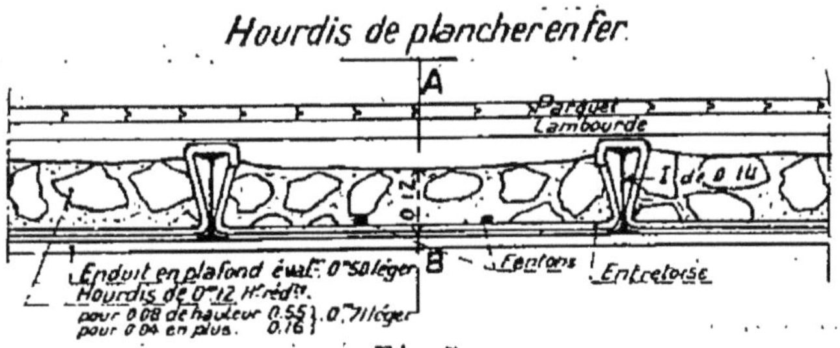

Hourdis de plancher en fer.

Fig. 7.

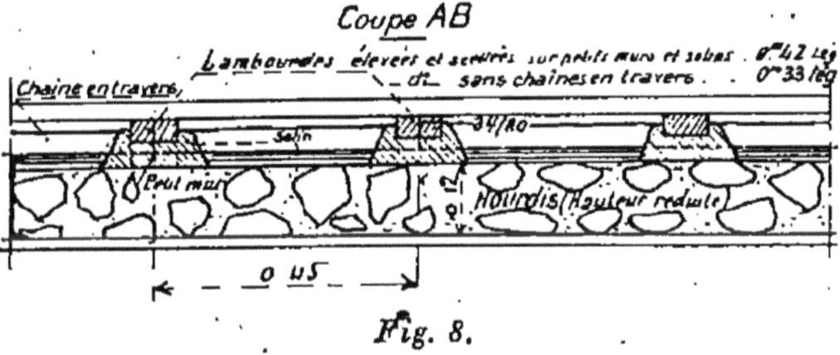

Fig. 8.

plâtre, entre poteaux pour cloisons, pans de bois, et entre solives pour planchers.

L'évaluation varie suivant que les plâtras sont fournis ou non et suivant l'épaisseur des hourdis.

Dans l'épaisseur de la cloison indiquée à la série, celle des 2 enduits est comprise. Par exemple, l'épaisseur du hourdis de la cloison de 0^m08, est de 0.05 environ. Cette cloison est aux $\frac{100}{100}$ de léger, se décomposant comme suit :

Hourdis de 0.05 d'épaisseur	0^m50
2 enduits chaque 0.25.	0^m50
Total . . .	1^m00

Les **hourdis de plancher en bois** ou de lambris se font, comme pour les augets, sur lattis et coffrages, mais, étant faits en plâtras et plâtre, ils ont plus d'épaisseur ou hauteur.

Ils sont évalués d'après leur hauteur réduite, sans déduction des bois.

Les hourdis de plancher en fer, établis sur entretoises et feutons suivant les dispositions des fig. 7 et 8, se mesurent aussi d'après leur épaisseur réduite.

La série prévoit pour 0.08 d'épaisseur . . .	0^m55	léger
Pour chaque centimètre au-dessus de 0.08 . . .	0.04	
soit pour 0^m12 d'épaisseur 12 — 8 = 4 c/m à 0.04.	0^m16	léger
	0.71	—
Enduit de plafond en plus pour	0.50	—
Total	1^m21	—

SCELLEMENT DE LAMBOURDES. Les lambourdes sont généralement en chêne de 34 /80. On en pose aussi de 41 /80 et même de 54 /80.

Il y a 3 manières de sceller les lambourdes :

1° Avec tranchées dans l'aire du plancher ou en travers de petits murs. L'évaluation en léger de ce scellement est de 0^m17 ou $\frac{17}{100}$ le mètre superficiel de parquet.

2° Elles peuvent être élevées et scellées sur l'aire ou le hourdis, avec solin droit où cintré de chaque côté.

L'évaluation en léger est de 0^m33.

3° Les lambourdes sont élevées mises de niveau pour recevoir le parquet et scellées sur de petits murs ou murets avec solin droit, comme au 2°, mais avec chaînes en travers tous les 0^m08 environ suivant les dispositions des fig. 7 et 8 (page 21).

L'évaluation de ce scellement qui est le plus employé est de 0m42 ou $\frac{42}{100}$ de léger. Ces évaluations sont prévues pour 2m25 de lambourdes par mètre superficiel (voir aussi série pages 34 et 35). Dans les réparations, le scellement des lambourdes se compte au mètre linéaire pour 0m15 de léger.

BANDEAU SAILLANT ET CAPUCINE.

Le bandeau saillant ou capucine, se met généralement entre 2 étages, comme la corniche, il est plat, avec ou sans larmier. Son épaisseur est de 2 à 3 centimètres et même plus. Il est évalué au mètre linéaire.

(mesuré suivant son axe en léger)

Jusqu'à 0m15 de hauteur	simple pour . .	0m25 léger
	avec larmier . .	0m30 —
Par 0m01 en plus		0m01 —

CHAMP SAILLANT ENTOURANT DES PANNEAUX.

Le champ (0.015 à 0.002 d'épaisseur) est plus faible d'épaisseur que le bandeau saillant ou capucine. Il est utilisé pour l'entourage des baies, des panneaux, etc. Les pilastres se comptent aussi comme champ saillant.

Ce champ qui comprend une épaisseur et l'arête de rive est évalué en léger au mètre linéaire.

Jusqu'à 0.15 de *hauteur* ou de *largeur* :

en crépi moucheté	0m15
enduit au plâtre au sas	0m20
Chaque centimètre en plus jusqu'à 0m35.	0m01

FEUILLURE. — La feuillure, prévue à la série pour 0m10 léger le mètre linéaire, comprend l'enduit sur 2 faces dressé à la règle, une cueillie d'angle rentrant, et une arête d'angle saillant.

La feuillure piochée et taillée avec les arêtes non dressées, les faces devant recevoir un enduit se compte :

Jusqu'à 0.10 à l'équerre	en meulière pour .	0m075 léger
	en moellons plâtres	0m05 —

1/10 en plus est admis pour chaque centimètre en plus de 0m10.

SERIES DE MAÇONNERIE

PRIX DE RÈGLEMENT LES PLUS USUELS
DES TRAVAUX DE PLATRERIE ET DIVERS
DES SÉRIES 1913 ET 1924

OBSERVATIONS. — *D'après les coefficients (connus en décembre 1925) les prix de la série 1924 sont à majorer de :*

Légers ouvrages et **ouvrages** ne comportant que de la main-d'œuvre .	**15 %** (coefficient **1.15**)
Autres ouvrages de maçonnerie (sauf pierre de taille).	**14 %** (coefficient **1.14**)

Le prix d'application de l'unité des ouvrages en plâtre est donc (fin décembre 1925) de 22.60 × 1.15 = 25 fr. 99.

Dans l'établissement des mémoires de travaux, on applique ce prix au total des évaluations des légers et non partiellement.

On doit opérer de même avec les coefficients, au lieu de rectifier chaque prix de série; on gagne du temps (et le vérificateur aussi) en appliquant le coefficient commun aux sommes totales, chaque fois qu'il est possible de le faire.

Prix des Séries..	1913	1924
Heure de jour du plâtrier, maçon, briqueteur. . .	1.33	**4.85**
d'aide	0.93	**3.80**
gardien de rue	0.53	**3.45**
Nuit de gardien	5.30	**22.15**

MAÇONNERIE DE BRIQUES ET PLATRAS

Les prix de maçonnerie de brique sont très variables suivant les marques et la provenance.

Nous donnons ci-après les prix de façon de maçonnerie de brique au mètre cube et au mètre superficiel auxquels il suffira d'ajouter le prix des déboursés de fourniture des briques suivant les marques multiplié par 1.254 (coefficient des prix de règlement) pour obtenir le prix complet.

Il faut retenir que les quantités de briques de 0,054 × 0,105 × 0.22, nécessaires pour :

1 mètre cube de maçonnerie est de 630 briques.
1 mètre sup. de cloison de 0.22 est de 140 —
1 — — 0.105 — 70 —
1 — — 0.054 — 38 —

Prix des Séries.	1913	1924
Façon de maçonnerie de brique pleine ou creuse hourdée au plâtre (non compris fourniture des briques):		
Pour mur en élévation, brique de 0.045 à 0.065 d'épaisseur × 0.105 à 0.11 × 0.22 . . . Le m³	23.80	**106 »**
Creuse et de toutes les autres dimensions. Le m³	16.70	**73 »**
Pour cloison de 0.045 à 0.10 d'ép. . . le m²	1.55	**6.45**
— de 0.105 à 0.22 d'ép. . . le m²	2.65	**11.55**

Pour obtenir le prix complet, au mètre cube, par exemple, avec fourniture de briques dont le prix de déboursé serait de 200 francs le mille, il suffirait d'ajouter au prix de façon 106 fr. la fourniture de 630 briques à $\frac{200}{1000}$ × 1.254 (coefficient des prix de règlement) soit 106 + 158 = 264 francs.

Maçonnerie hourdée au plâtre pour mur en élévation ou renformis . .	en plâtras	1913	1924
	fournis . .		**118 »**
	non fournis.		**87 »**

DÉMOLITIONS

		Prix des séries. .	1913	1924
Démolition de mur jusqu'à 0.80 d'ép.	en plâtras ou moellons. .		3. »	13.00
	en meulière, briques ou béton.		4. »	17.30
Démolition pour reprise ou percement . . .				
dans murs	en plâtras ou moellons		4. »	17.30
	en meulière, briques ou béton. .		5. »	21.60
Plus-value pour démolition de mur bourdé au ciment	en moellons et briques ord.		1.50	6.50
	en meulière, béton ou briques dures.		2.00	8.65

DÉMOLITION DES LÉGERS OUVRAGES

	1913	1924
Le mètre cube de démolition sans descente ni montage des matériaux	3.80	15.10

NOTA. — Les évaluations de démolition de la série 1924, indiquées ci-après sont les mêmes que celles de la série 1913.

Ce sont des évaluations au mètre cube ou *unité de démolition* d'un mètre cube de démolition.

Démolition de :	Évaluation au mètre cube	Série 1924 Prix de l'unité	Série 1924 Prix du mètre superficiel
Aire en plâtre compris foisonnement . . .	0.05		0.755
— sans démolition de l'auget . .	0.08		1.21
Auget de plafond ou de lambris compris enduit	0.05	15.10	0.755
— — en sous-œuvre compris délattis	0,10		1.51

Démolition de : *(Série 1924...*	Eval.	Prix de l'unité	Prix du m³
Auget de lambourdes avec ou sans chaînes (sans déduction des bois).	0.06		**0.91**
Cloison à claire-voie compris hourdis et descellement des bois	0,07		**1.06**
Corniche sur plancher et plafond démoli. .	0.10		**1.51**
— seule sans démolition de plancher ou de plafond : son pourtour réduit sur sur la saillie indiquée	0.15		**2.265**
Hourdis plein de plancher en bois sans déduction des bois	0.10	à **15.10**	**1.51**
— de plancher en fer et bande de trémie	0.15		**2.265**
Languette en plâtre	0.06		**0.91**
— en brique son épaisseur réelle, par exemple pour briques de 0.06 d'ép.	0.06		**0.91**
Pan de bois. Épaisseur réelle sur la superficie, déduction faite des vides ; le cube obtenu réduit aux 2/3 pour déduction des bois.			
Par exemple : pour 0.15 d'ép. . 2/3 0.15	0.10		**1.51**
Gravois. *Descente* ou *montage* et sortie des gravois jusqu'à 30^m et distance en travaux d'entretien au *sac*, à la hotte, etc., mesure après foisonnement. . Le m³	»	»	**8.10**
A la poulie ou au *treuil* . . . . . Le m³	»	»	**5.40**
Par jet, coulisse . . . . Le m³	»	»	**4.05**
Transport supplémentaire pour la sortie des gravois, en plus de celui compris ci-dessus. *Par relai de* 30^m. Le m³	»	»	**2.40**
ÉCHAFAUDAGE DE MAÇON			
L'unité d'échafaudage vaut 4 fr. 70.			
Jusqu'à 4^m de hauteur, les échafauds ne se comptent pas.			

(Séries 1924)..	Eval.	Prix de l'unité	Prix du m²
ÉCHAFAUDAGE :			
Au-dessus de 4 m de hauteur :			
On compte les horizontaux d'après leur surface horizontale.			
Ceux verticaux d'après la surface verticale, la hauteur mesurée depuis le sol sur lequel prend appui l'échafaud jusqu'au dernier garde-corps fixé à 0.90 au-dessus du dernier plancher sans rien ajouter pour les planchers horizontaux.			
Échafaud (au mètre superficiel) :			
Pour ravalement en pierre ou plâtre sur murs vieux ou neufs	0.34		1.60
Pour ravalements partiels sur vieux murs dont les raccords ne dépassent pas la 1/2 de la totalité du ravalement. . . .	0.48	à 4.70	2.26
Pour enduits ou plafonds, voûtes, etc . .			
en travaux neufs.	0.16		0.75
en travaux d'entretien	4.00		1.88
Pour plancher de garantie en éventail . .	0.35		1.65

Pour l'application du mode de métrer les échafaudages voir mémoire de ravalement de façade (page 62).

		Prix des séries..	1913	924
CINTRAGE des hourdis de linteaux ou de planchers avec ou sans étais . . .		le mètre superficiel		6.60
FOURNITURE EN RÉGIE DE	gravillon . . .	le sac de 50 litres		3.15
	sable de rivière ordinaire . .	—		2.20
	sable de rivière tamisé . . .	—		2.35
	Plâtre au panier	le sac de 25 litres	0.61	3.30
	Plâtre au sas .	—	0.66	3.60

CARRELAGE. — REVÊTEMENT

Prix des séries. .	1913	1924
A la pièce en recherche jusqu'à 1 m² de surface :		
Carrelage, en carreaux neufs posés en recherche, comprenant de décarrelage et le remaniement de la forme et toutes fournitures.		
Carreaux hexagones de Beauvais . . *la pièce*	0.20	**1.15**
Carreaux carrés à bandes d'Auneuil.	0.25	**1.30**
— — de Beauvais. . . .	0.20	**1.15**
Carreaux vieux ordinaires posés en recherche compris décarrelage :		
Carreaux à pans ou carrés de 0.19 à 0.20 . . .	0.18	**0.75**
— — — 0.14 à 0.17 . . .	0.16	**0.50**
— — — 0.10 à 0.135. . .	0.14	**0.50**
Carreaux céramiques à dessins (3.20 à 3.50)		
Prix moyen		**3.35**
Plus-value pour carreaux scellés au ciment. . .	0.05	**0.20**
Revêtement en carreaux de faïence neufs posés en recherche :		
Carreaux carrés de 0.10 à 0.11 de côté. . . .		
Prix moyen		**1.40**
— — 0.145 à 0.155		**2.95**
— — 0.16		**3.15**
— — 0.20		**5.05**
Bordure de couleur de 0,075 × 0.15		**1.60**
— de 0.10 × 0.20.		**3.35**

ÉVALUATION DES LÉGERS OUVRAGES EN PLATRE

(Série 1924)..	Eval.	Prix de l'unité	Prix du m²
NOTA : 1° Les évaluations en léger de la série 1924 indiquées ci-après sont également celles de la série 1913 dont le prix de l'unité était de 5 fr. 20.			
2° Le mode de métrer et les croquis des ouvrages sont indiqués sur les pages de 10 à 24. A la suite des désignations des ouvrages ci-après *Aire*, *Auget*, etc., le numéro des pages ou croquis est rappelé.			
AIRE en plâtre (voir croquis et page 13).			
de 0.03 d'épaisseur { non compris bardeau	0.25		5.65
de 0.03 d'épaisseur { avec fourniture de bardeaux chêne. .	0.50		11.30
avec montage et pose des bardeaux non fournis (0.25 + 0.10)	0.35		7.91
Chaque centimètre d'épaisseur en plus ou en moins.	0.065	à	1.47
AUGET (voir croquis et pages 13 et 14).		22.60	
Ordinaire de 0.02 d'épaisseur au moins, non compris lattis	0.42		9.49
Cintré en gorge, ayant au moins 0.03 d'épaisseur au fond.	0.50		11.30
en sous-œuvre, plus-value sur les évaluations ci-dessus	0.05		1.13

Légers ouvrages. — *Série 1924*.	Eval.	Prix de l'unité	Prix du m²
CLOISON (voir croquis et pages 16 et 17).			
Légère de 0.08 d'épaisseur avec :			
Hourdis plein, 2 lattis et 2 enduits plâtre :			
au sas.	1.00		22.60
— au panier.	0.92		20.79
En carreaux de plâtre, 2 enduits plâtre :			
au sas.	1.00		22.60
— au panier.	0.92		20.79
Chaque centimètre en plus ou en moins	0.06		1.36
En carreaux de plâtre creux 2 enduits en plâtre : au sas.	1.06		23.96
au panier.	0.98		22.15
Chaque centimètre au delà de 0.08 d'ép.	0.075		1.695
Lorsque la cloison sera montée avant la pose du parquet ou du carrelage, il sera ajouté 0ᵐ10 à la hauteur de la partie restant vue.		22.60	
CRÉPI (voir page 18).			
Plein compris gobetage sur briques, moellons, meulières.	0.17		3.84
Moucheté au balai.	0.30		6.78
ENDUIT (Voir pages 18 et 19).			
En plâtre au panier (non tamisé) :			
Au-dessus de 0.35 de largeur — sur partie verticale.	0.21		4.75
Au-dessus de 0.35 de largeur — sur plafond ou partie inclinée.	0.42		9.49
Jusqu'à 0.35 de largeur — sur partie verticale.	0.29		6.55
Jusqu'à 0.35 de largeur — sur plafond ou lambris.	0.58		13.11
En plâtre au sas (plâtre tamisé) sur moellons, briques, pans de bois, béton de ciment armé			
Au-dessus de 0.35 de largeur — sur partie verticale.	0.25		5.65
Au-dessus de 0.35 de largeur — sur partie inclinée ou plafond	0.50		11.30

Légers. — *Série 1924*..	Eval.	Prix de l'unité	Prix du m²
(Enduit au plâtre) :			
Jusqu'à 0.35 de largeur { sur partie verticale.	0.33		7.46
Jusqu'à 0.35 de largeur { sur partie inclinée au plafond . . .	0.66		14.92
Plus-values sur les évaluations ci-dessus :			
Pour enduit au panier ou au sas sur meul.	0.08		1.81
— sur plafond en béton armé brut de décoffrage pour piochement nécessaire et gobetis préparatoire	0.06		1.36
Pour enduit circulaire { à simple courbure { sur mur ou cloison	0.05		1.13
Pour enduit circulaire { à simple courbure { sur plaf..	0.075		1.695
Pour enduit circulaire { à double courbure { sur partie verticale.	0.15	22.60	3.39
Pour enduit circulaire { à double courbure { sur plaf.	0.25		5.65
Pour emploi de plâtre :			
Au tamis de soie	0.10		2.26
teinté ton pierre ou autres avec ocre	0.05		1.13
pour simuler briques, compris joints	0.50		11.30
HACHEMENTS			
d'enduits et crépis en plâtre de toutes ép :			
Verticaux	0.08		1.81
Inclinés ou plafond	0.10		2.26
RENFORMIS			
Sous enduits jusqu'à 0.05 d'épaisseur :			
Pour les enduits au-dessus de 0.02 d'ép. il sera alloué par chaque 0,005 de surépaisseur ou renformis en plâtre pur, au delà de 0.02	0.035		0.79
Au-dessus de 0.05 d'épaisseur, renformis suivant le n° 1274 de la série 1924 *au mètre cube.*			

Légers. — *Série 1924*..	Eval.	Prix de l'unité	Prix du m²
Mur en élévation en renformis. { Plâtras fournis . .			118. »
Plâtras non fournis .			87. »
Au-dessus de 4ᵐ de hauteur, compris échafaudage plus-value			8.65
ENTREVOUS. Enduit au plâtre :			Prix du m²
(Voir croquis et page 20).			
Entre solives en bois, mesuré sans déduction des bois, compris nus	0.33		7.46
Entre solives en fer, mesuré sans déduction des solives, compris nus	0.60		13.56
RECOUVREMENT EN PLATRE (Voir p. 20)			
de **cloison** pan de bois :			
avec lattis espacés de 0.10 d'axe en axe .	0.33		7.46
avec lattis jointif	0.75		16.95
de **plafond** ou lambris avec lattis espacés de 0.10 et augets ordinaires . . .	1.00	22.60	22.60
de **plafond** avec lattis jointif	1.00		22.60
de **plafond** rampant d'escalier non compris hourdis.	1.00		22.60
de **boisseaux ronds** ou **rectangulaires** pour tuyaux adossés, y compris garnissage des angles, de plus de 0.35 de largeur . .	0.33		7.46
HOURDIS PLEIN (Voir croquis et page 21).			
EN PLATRAS FOURNIS.			
Pour cloison de 0.08 d'épaisseur . . .	0.33		7.46
Pour pan de bois de 0ᵐ16 à 0ᵐ20. . .	0.50		11.30
Chaque centimètre d'épaisseur en plus de 0.08 et de 0.20 d'épaisseur	0.03		0.68
EN PLATRE FOURNI ET PLATRAS NON FOURNIS.			
Pour cloison de 0.08 d'épaisseur . . .	0.27		6.10

Légers. — *Série 1924.*	Eval.	Prix de l'unité	Prix du m²
Chaque 0,01 d'épaisseur en plus . . .	0.02		**0.45**
Pour pan de bois de 0.16 à 0.20 :	0.32		**7.23**
Chaque 0.01 d'épaisseur en plus. . .	0.02		**0.45**
Pour planchers et voûtes en *bois* et en *fer*, compris façon en augets cintrés sur le dessus et cintrage en planches dessous :			
EN PLATRE ET PLATRAS FOURNIS			
de **0.12 d'épaisseur, pour plancher** et voûte **en bois,** mesuré sans déduction des bois et suivant la hauteur des solives. . .	0.60		**13.56**
Chaque 0.01 d'épais. en plus ou en moins	0.03		**0.68**
de **0.08 d'épaisseur** pour **plancher** et voûte **en fer,** mesuré sans déduction des fers, et suivant la hauteur réduite entre solives	0.55		**12.43**
Chaque 0.01 d'épaisseur en plus ou en moins	0.04		**0.90**
EN PLATRAS NON FOURNIS		22.60	
de **0.12 d'épais.** pour **planchers** et voûte **en bois**	0.50		**11.30**
Chaque 0.01 d'épaisseur en plus ou moins.	0.015		**0.34**
de **0.08 d'épaisseur** pour **planchers en fer.**	0.50		**11.30**
Chaque centimètre d'épais. en plus ou en moins	0.02		**0.45**
Les hourdis en plâtras posés à sec seront comptés à 1/2 des évaluations ci-dessus.	1/2		
JOINTOIEMENT :			
sur mur neuf, sur moellons, parpaings, compris dégradation nécessaire des joints	0.125		**2.825**
sur vieux murs compris dégradat. nécessaire des joints.	0.17		**3.84**
sur briques neuves ou vieilles. . . .	0.17		**3.84**
sur carreaux de plâtre	0.125		**2.825**

Légers. — Série 1924	Eval.	Prix de l'unité	Prix du m²
LAMBOURDES (voir page 22 et fig. 7 et 8) :			
scellées avec **tranchées** dans l'aire ou en travers de petits murs	0.17		3.84
élevées et **scellées** sur l'aire avec **solin** droit ou cintré de chaque côté . . .	0.33		7.46
élevées et **scellées** sur petits murs avec solin droit ou cintré de chaque côté, et chaînes en travers espacées de 0.80 au plus	0.42		9 49
Pour les scellements de plus de 0.15 bois compris jusqu'à 0m25 de hauteur, il sera alloué pour chaque centim. en plus. .	0.01		0.226
Écartement minimum des lambourdes 0m45, 2m125 au mètre carré. — Une plus grande quantité de lambourdes donnera lieu à une plus-value proportionnelle.			
LANGUETTE CINTRÉE :		22.60	
de 0,06 d'épaisseur, pigeonnée et ravalée des 2 côtés	0.85		19.21
de 0.06 d'épaisseur, ravalée d'un seul côté	0.60		13.56
pour chaque centimètre en moins de 0.06 d'épaisseur il sera diminué. . . .	0.07		1.58
LARDIS DE CLOUS A BATEAU :			
sans fourniture de clous.	0.05		1.13
avec fourniture de clous.	0.10		2.26
LATTIS (voir pages 13, 14 et 15).			
espacé de 0.10 d'axe en axe en cœur de chêne			
pour cloison pan de bois et plafond . .	0.085		1.92
jointif non cloué pour aire.	0.25		5.65
— cloué avec lattes en travers pour aire.	0.33		7.46

Légers. — *Série 1924*. .	Eval.	Prix de l'unité	Prix du m²
jointif cloué avec lattes en travers pour cloison, pan de bois plafond. . . .	0.50		11.30
jointif ou **bardeaux** vieux non fournis pour aire (montage et pose).	0.05		1.13
LATTIS MÉCANIQUE (voir page 15) :			
fourni et posé compris déchet et fourniture de crampons :			
en plafond ou lambris { sapin.	»		8.75
en plafond ou lambris { chêne ou châtaignier .	0.40		9.05
sur partie verticale { sapin	»		8.05
sur partie verticale { chêne ou châtaignier .	»		8.30
PAILLASSE :			
de fourneau de cuisine sans déduction des vides	0.40	22.60	9.04
de plafond rampant d'escalier en fer . .	0.50		11.30
PLAQUE EN FONTE de contre-cœur.			
Pour pose, coulis, solins et scellement de pattes.			
Jusqu'à 0.50 de surface.	0.45		10.17
Au-dessus de 0.50 de surface. . . .	0.33		7.46
TENDEURS :			
avec pattes et pitons, non fournis le tout posé, mais sans trous ni scellements. .	0.05		1.13
Nota : on évalue généralement la fourniture à	0.05		1.13

ÉVALUATIONS AU MÈTRE LINÉAIRE

Légers. — Série 1924.	Éval.	Prix de l'unité	Prix du m¹
ARÊTE.			
droite	0.05		1.13
arrondie	0.06		1.36
Les arêtes sur les languettes pigeonnées sont comprises dans l'évaluation de la languette.			
CHAMP saillant, entourant des panneaux compris arête et épaisseur.			
Jusqu'à 0m15 de hauteur ou largeur : crépi moucheté	0.15		3.39
Jusqu'à 0m15 de hauteur ou largeur : enduit au plâtre au sas	0.20		4.52
Pour chaque centimètre de hauteur en pl.	0.01		0.226
CAPUCINE ET BANDEAU SAILLANT			
simple en plâtre jusqu'à 0m15 de haut	0.25		5.65
— Avec larmier	0.30	22.60	6.78
— Par 0.01 en plus	0.01		0.226
CREVASSE (Voir raccords page 19).			
hachée en queue d'aronde, bouchée en plâtre.			
Jusqu'à 0.12 de largeur — En mur, pans de bois, cloison.	0.05		1.13
Jusqu'à 0.12 de largeur — En plafond ou en ravalement	0.08		1.81
Jusqu'à 0.12 de largeur — A la corde à nœuds	0.15		3.39
DESCELLEMENT au pourtour des bâtis, huisseries, dormants de croisées en place.	0.015		0.339
ENTAILLE ET SCELLEMENT en moellons ou plâtras : jusqu'à 0.05 inclusivement de larg. et de prof. ou l'équivalent (0.10, à l'équerre), compris raccord en plâtre.	0.08		1.81
Chaque centimètre en plus de largeur ou de profondeur	1/10		0.18

(Série 1924)..	Eval.	Prix de l'unité	Prix dum[1]
Le scellement seul, la moitié des évaluations ci-dessus.	en plus		
Parexemple, pour feuillure de 0.05: $\frac{0.08}{2}$	0.04		0.90
Entailles en meulière ou béton de cailloux, gravillon, meulière ou mâchefer et scellement, en plâtre moitié en plus des évaluations ci-dessus	1/2 en plus		
FEUILLURE (voir page 23).			
Avec ses arêtes.	0.10		2.26
GORGE apparente, non traînée au calibre en plâtre jusqu'à 0.10 développé . . .	0.10		2.26
Au-dessus de 0.10, elles seront payées pour leur développement			
JOINTS tirés au crochet sur enduits. . . .	0.03	22.60	0.68
LARDIS DE CLOUS sur 2 rives (espacement 0.10) sans fourniture de clous. . . .	0.015		0.34
avec fourniture de clous	0.025		0.565

MOULURES [1]

Moulure traînée au calibre sur ravalement neuf ou vieux :			
Chaque face *plane* jusqu'à 0.05 de larg.	0.05		1.13
Chaque face *courbe* ou mixtiligne jusqu'à 0m10 de largeur.	0.10		2.26
Moulure faite à la main pour ouvrages en *raccords* quelle qu'en soit la longueur et celles en parties *neuves jusqu'à* 0m20 inclusivement . . .	1/2 en plus		

1. Pour l'application du mode de métrer les moulures (voir pages 42 à 44) corniche du salon. Le mémoire *ravalement* (pages 47 à 62) donne également une grande application du métré des moulures.

Moulures au m^1. — *Série 1924*..	Eval.	Prix de l'unité	Prix du m
Au-dessus de ces dimensions, chaque face plane ou moulure courbe sera comptée à l'entier de légers, pour son développement réel, si elle est traînée au calibre et moitié en plus si elle a été faite à la main.	dévelt réel 1/2 en plus	22.60	»
Frise entre profils. Toutefois lorsque dans les corniches-frises, tables renforcées ou saillantes, champs ou bandeaux unis, réservés entre 2 profils, la largeur de la partie plane dépassera 0^{m}20, *l'excédent sera réduit à moitié*, compris renformis. .	1/2 au-des. de 0.20		

Pour les moulures faites en accord, ne dépassant pas 3 mètres de longueur, lorsque l'entrepreneur fournira un calibre, celui-ci lui sera payé, mais les moulures lui seront comptées comme traînées au calibre.

Calibre en hêtre tout ferré, le mètre linéaire de développement			21

Dans les travaux neufs, les calibres sont au compte du maçon.

Mesurage en longueur.

Le mesurage de toutes les moulures sera fait en longueur au milieu de leur saillie.

Saillie.

Il ne sera point compté de saillie jusqu'à 0.16, au delà, elles seront comptées pour leur valeur réelle en moellons, briques ou plâtras.

Moulures au m¹. — *Série 1924*. .	Eval.	Prix de l'unité	Prix du m¹
Noirs.			
Les dégagements entre moulures pour former noirs, ainsi que les aplanissements des arêtes aiguës, ne seront point comptés comme moulures s'ils n'excèdent pas 0m005.			
Enduit sous corniche.			
Sur murs : il ne sera payé aucun enduit sur l'emplacement occupé par les moulures			
Sur plafonds : la valeur de l'enduit, dans la surface occupée par les moulures sera réduit de moitié	1/2		
Angles.			
Les angles retournés, sur surfaces verticales ou horizontales, seront ajoutés à la longueur des moulures :		22.60	
Celui saillant pour	0.15		
Celui rentrant pour.	0.20		
Les amortissements pour	0.05		
Les angles formés par la rencontre d'une partie droite avec une partie circulaire seront comptés :			
Celui saillant pour	0.20		
Celui rentrant pour.	0.35		
Les angles formés par la rencontre de 2 parties circulaires seront comptés:			
Celui saillant pour	0.30		
Celui rentrant pour.	0.45		
Les jouées unies avec arêtes profilées suivant le profil des moulures	0.05		1.13
Ne seront considérés comme angles et payés comme tels que les angles des			

Moulures au m¹. — *Série 1924.*	Eval.	Prix de l'unité	Prix du m¹
bandeaux ou appuis comprenant un certain nombre de moulures planes ou courbes traînées au calibre ou à la main. La plus-value d'angle n'est jamais applicable aux bandeaux et appuis traînés entre deux règles, ni aux larmiers. Les arêtes verticales seront seules comptées. Les plus-values d'angle ne seront pas applicables aux refends destinés à figurer assises, à moins que ces refends ne comportent eux-mêmes des moulures poussées au calibre.		22 60	»
Moulures circulaires.			
Les moulures courant sur une surface circulaire ou elliptique et celles courant circulairement sur un plan droit seront *évaluées* 1/3 en sus de celles droite .	1,33		
(*Application corniche du salon page 43.*)			
Celles courant circulairement sur une surface circulaire seront évaluées au double de leur développement . .	2.00		
Par exemple la moulure d'encadrement d'une baie cintrée dans une tour.			
Pour l'emploi du plâtre passé au tamis de soie, 10 % en plus	1.10		
Pentes.			
Les pentes de dessus des bandeaux à partir de 0.05 de largeur seront comptées comme enduits.			

MOULURES (Application, page 43).

Plan de la corniche (Profil fig. 10)

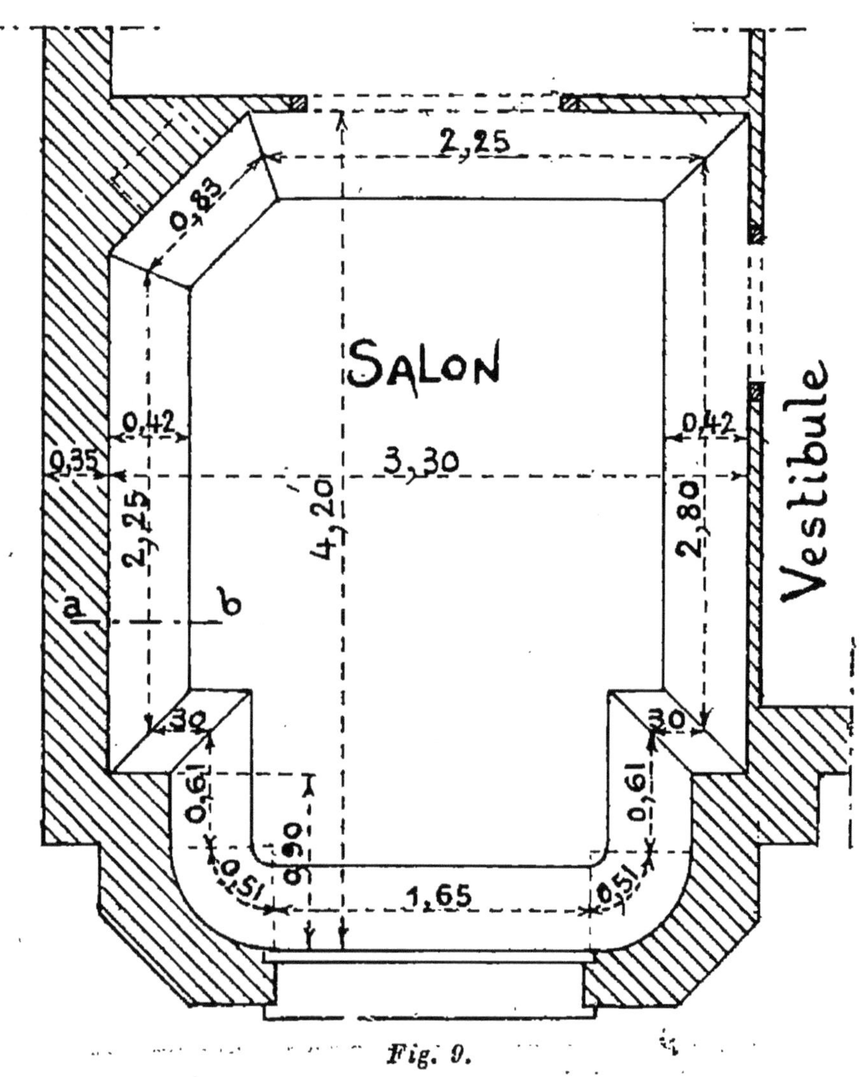

Fig. 9.

Application du mode de métrer les moulures.

Il faut se rappeler que la longueur des moulures s'obtient en développant le milieu de leur saillie et en ajoutant les angles rentrants, sortants ou circulaires. La partie sur mur circulaire se compte 1/3 en plus (on écrit % à 1/3 circulaire ou à 1.33).

Soit à métrer la corniche du salon fig. 9 et 10 (p. 42 et 44).

Application. Développement de la moulure du salon (plan fig. 9)

Longueur réduite	1 fois	2m25
	1 fois	2.80
	2 fois 0.30	0.60
	2 fois 0.61	1.22
2 fois partie circulaire 0.51 à % 1/3 =		1.36
	1 fois	1.65
	1 —	2.25
	1 —	0.83
5 angles rentrants chaque 0.20 .	. . . . . .	1.00
2 angles sortants chaque 0.15 .	. . . . . .	0.30
2 angles circulaires chaque 0.45	. . . . . .	0.90
Ensemble	. . . .	15m16

à 1.32 développement profil fig. 10 page 44 ce qui donne en **léger.**

15.16 × 1.32 = 20m01

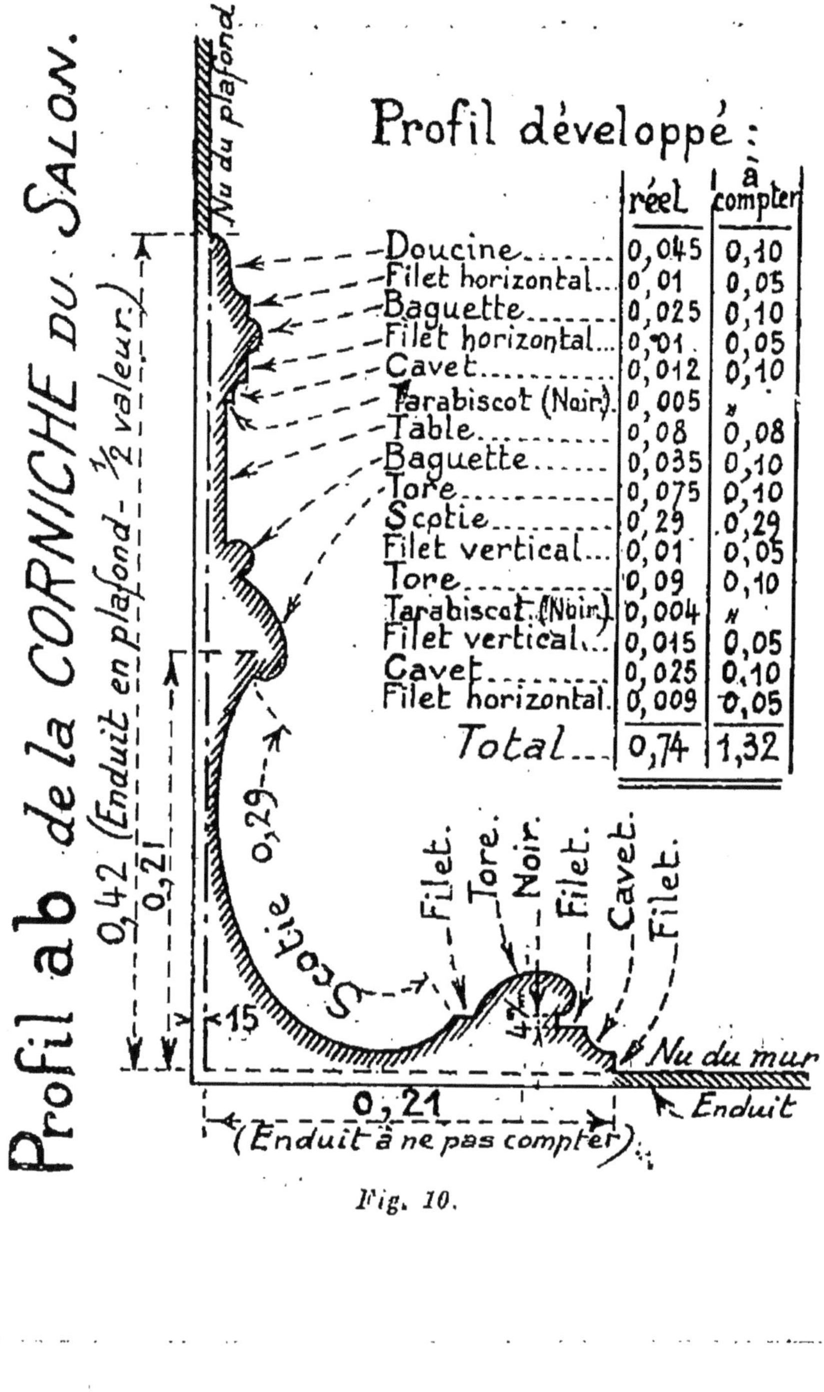

Profil ab de la CORNICHE DU SALON.

0,42 (Enduit en plafond - ½ valeur.)

0,21

Nu du plafond

Profil développé :

	réel	à compter
Doucine	0,045	0,10
Filet horizontal	0,01	0,05
Baguette	0,025	0,10
Filet horizontal	0,01	0,05
Cavet	0,012	0,10
Tarabiscot (Noir)	0,005	»
Table	0,08	0,08
Baguette	0,035	0,10
Tore	0,075	0,10
Scotie	0,29	0,29
Filet vertical	0,01	0,05
Tore	0,09	0,10
Tarabiscot (Noir)	0,004	»
Filet vertical	0,015	0,05
Cavet	0,025	0,10
Filet horizontal	0,009	0,05
Total	0,74	1,32

0,29

Scotie

Filet.

Tore.

Noir.

Filet.

Cavet.

Filet.

15

47

Nu du mur

Enduit

0,21

(Enduit à ne pas compter)

Fig. 10.

Légers. — Série 1924...	Eval.	Prix de l'unité	Prix du m¹
NAISSANCES (Voir page 19).			
Jusqu'à 0.24 de larg. sur murs. . .	0.08		1.81
Jusqu'à 0.24 de larg. sur plafonds 1/2 en plus . . .	0.12		2.71
Au-dessus de 0.24 de largeur, les enduits seront comptés en surface.			
JOINTS			
Sur vieille construction en pierre, compris dégradation et regarnissage . .	0.05		1.13
Plus-value pour joints en plâtre ou mortier de chaux avec ouverture ensuite à la sciotte et remplissage en plâtre d'un autre ton (plâtre à modeler) :			
sur parties unies	0.05		1.13
sur parties moulurées	0.075		1.695
SCELLEMENTS DE LAMBOURDES. . .	0.15		3.39
SOLINS OU CALFEUTREMENTS :			
au pourtour des dormants de croisée, de planchers en menuiserie, collets de marche, etc.	0.05		1.13
Solins de mangeoires, tuyaux de descente de	0.10	22.60	2.26
Solins d'auvents et autres semblables .	0.20		4.52
Pour les solins au ciment de Portland. .	100 % en plus		
TRANCHÉE ET SCELLEMENTS :			
en moellons ou plâtras jusqu'à 0.10 à l'équerre avec raccord	0.10		2.26
Chaque 0.01 en plus de l'équerre, 1/10 en plus	1/10		0.226
Scellement seul, moitié des éval. ci-dessus	1/2		
Tranchée en meulière ou béton, mâchefer, scellement au plâtre. 1/2 en plus des éval. ci-dessus	1/2		

Légers. — Série 1924 ..	Eval.	Prix de l'unité	Prix pièce ou c/m
TROUS COMPRIS SCELLEMENT au plâtre			
D'ancre, chaîne, tirant, en moellons ou plâtras . . . . . . *La pièce.*	0.10	22.60	2.26
Jusqu'à 0.32 de côté et par centimètre de profondeur:			
en moellons et plâtras	0.01	22.60	0.226
en meulière ou béton	0.015	22.60	0.339
en pierre { tendre savonnière trou par 0.01 de profondeur.	0.01	25.20	0.252
en pierre { dure (Euville) —	0.01	50.50	0.505
en brique { de Bourgogne —	0.01	23.00	0.23
en brique { façon Bourgogne —	0.01	15.90	0.159
en brique { scellement par 0.01 de prof.	0.005	22.60	0.113
DESCELLEMENT et rebouchement des trous jusqu'à 0.32 de côté, à 1/2 de l'éval. des trous et scellements ci-dessus . .	1/2		
Plus-values pour légers ouvrages additionnés de chaux :			
1 partie de chaux pour 5 parties de plâtre	25%		
Légers ouvrages en sable mortier coloré ton pierre ou autres produits à base de plâtre, tels que metalline, etc., non compris le passage au grès (imitation pierre tendre) . . . . unité		40.40	
Grésage . . . . mètre sup.		2.30	
(Mêmes évaluations que pour les légers ouvrages en plâtre.)			

MODÈLE DE MÉMOIRE

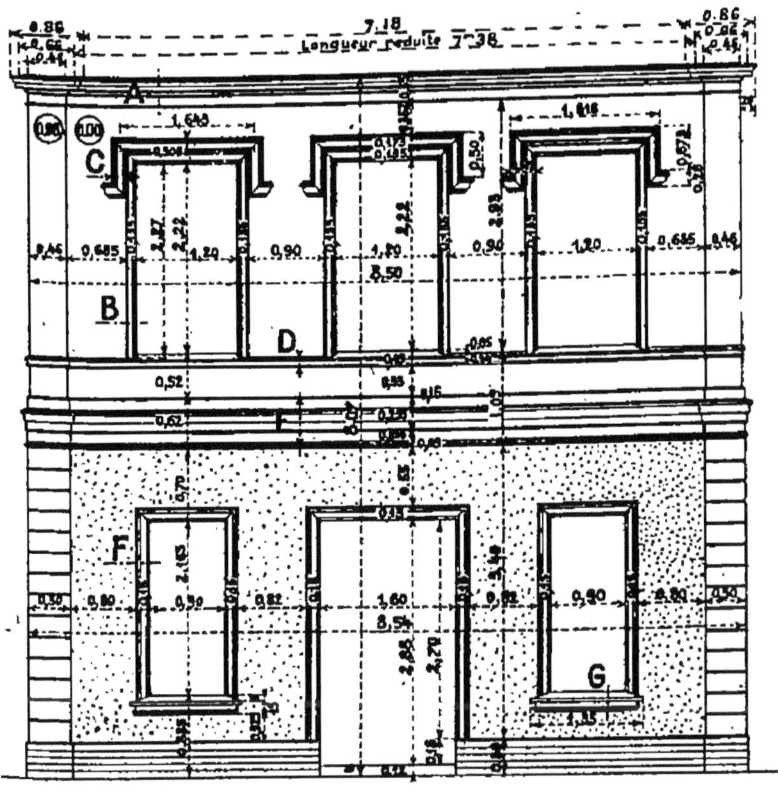

Fig. 11.

RAVALEMENT EN PLATRE DE LA FAÇADE CI-DESSUS

(0m30 sur murs en retour)

ENTABLEMENT. — **Corniche en plâtre au sas trainée**

au calibre suivant profil A (fig. 12, page 48).

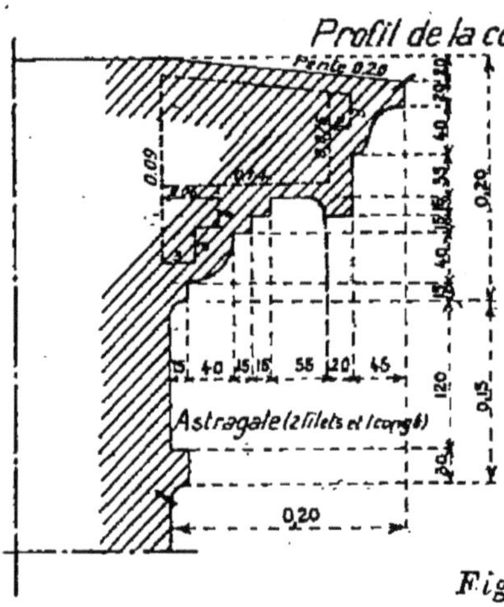

Profil de la corniche **A.**

Développement.

La pente de plus de 0.05 de largeur se compte comme enduit au-dessous de 0.35.

Filet vertical	0.05
Doucine	0.10
Filet vertical	0.05
Mouchette du larmier	0.05
Moulure mixte	0.10
Filet vertical	0.05
Filet horizontal	0.05
Filet vertical	0.05
Filet horizontal	0.05
Quart de rond	0.10
Filet	0.05
Congé et frise (moulure mixte)	0.13
Filet horizontal	0.05
Filet vertical	0.05
Congé de raccord avec le mur	0.10
Total	1,03

Fig. 12.

Longueur moyenne entre pilastres.		
Linéaire (ou LR.)	7.38	
Ressauts (à la main).		
2 fois 0.08=0.16 à % 1/2 .	0.24	
Faces pilastres.		
2 fois 0.66 Rt (réduit) . .	1.32	
Retours faces latérales.		
2 fois 0.48 × 2 Rt . . .	0.96	
2 angles rentrants.		
2, chaque 0.20	0.40	
4 angles saillants.		
4, chaque 0.15.	0.60	
2 amortissements.		
2, chaque 0.05	0.10	
Ensemble	11.00	
× 1.03 Ct profil A		11.33
A reporter		11.33

Report 11.33

Enduit en plâtre au sas des jouées de moulures.

2, chaque 0.08 légers 0.16

Saillie masse [1] en brique creuse.

moule $0.06 \times 0.105 \times 0.22$.
hourdée plâtre (briques non fournies).

Section :		
	$0.14 \times \frac{(0.09+0.075)}{2}$ . .	0.0116
	0.03×0.02	0.0006
	0.06×0.03	0.0018
	0.03×0.03	0.0009
	Ensemble.	**0.0149***a*

Longueur de saillie masse.

LR	7.58	
Ressauts.		
2 fois 0.08	0.16	
Pilastres 2 fois 0.46 . .	0.92	
Retours 2 fois 0.38 . . .	0.76	
Ensemble. . .	9.42	
× 0.0149 section *a* =	0 m³ 140	
à 73.00 le M³		10.22

Rappointis et clous fournis.

Ensemble 3 kgr 500.
à 2.30 le kilog. 8.05

Dessus de bandeau.

Crépi enduit en plâtre au sas et plus-value de faible largeur.

Dans œuvre	7.18		
Ressauts pilastres 2 fois $\frac{0.08+0.28}{2}$ =	0.36		
A reporter.	7.54	11.49	18.27

1. La saillie masse jusqu'à 0.16 ne se compte pas (art. 869 série moulures).

Reports. .	7.54		11.49	18.27
Pilastres 2 fois 0.66 Rt.	1.32			
$\frac{(0.46+0.86 \text{ E}}{2} = 0.66)$				
Retours 2 fois $\frac{0.38+0.58}{2} =$	0.96			
Ensemble . . .	9.82			
×0.20		1.96		
à 0.33 de légers			0.65	
Dessus de moulure arête des pilastres.				
4, chaque 0.04			0.16	

Dans la hauteur du 1er étage.

Crépi enduit au plâtre au sas.

Dans œuvre . . .	7.58	7.74			
Ressauts pilastres 2 fois 0.08 . . .	0.16				
× 2.93 haut.			22.68		
Déduire baies.					
3 fois 1.20×2.27 . . .		8.17			
chambranles moulurés. 6 fois 2.27=13.62 × 0.135		1.84			
chambranles en sommiers. 6 fois 0.673 . . .	4.038				
saillies en abouts. 6 fois 0.04 Rt . .	0.24				
Ensemble . .	4.278				
× 0.173 larg.. . .		0.74			
plates-bandes en doubleaux. 3 fois 1.47×0.308 haut . .		1.36			
Ensemble à déduire .			12.11		
Reste			10.57		
à 0.25 de légers.				2.64	
A reporter				14.94	18,27

Reports	14.94	18.27

Faces des pilastres :

Crépi enduit au sas et renformis de 0.06 pour former pilastres.

2 fois 0.46 × 2.93. . 2.70

à 0.67 de légers 1.81

(0.25+12 fois 0.035 = 0.67 léger).

Plus-value pour enduit de faible largeur :

Dessus de baies.
3 fois 1.816×0.35. . . 1.91
côtés intérieurs des pilast. } 2.38
2 fois 2.93×0.08. . . 0.47

à 0.08 de légers. 0.19

En retour en façade latérale.

Crépi enduit au sas et P. V. de faible largeur.

2 fois 2.93×0.30. . 1.76

à 0.33 de légers. 0.58

Arêtes en plâtre.

4 fois 2.93 . . . 11.72

× 0.05 Ct légers 0.59

Coupement de rives en plâtre pour arrêts d'enduits, sur façades latérales en retour.

2 fois 2.93 . . . 5.86

× 0.03 Ct légers 0.18

Encadrement baies du 1er étage. Moulures chambranles en plâtre au sas traînées au calibre suivant profil B et C (fig. 13, page 52).

A reporter	18.29	18.27

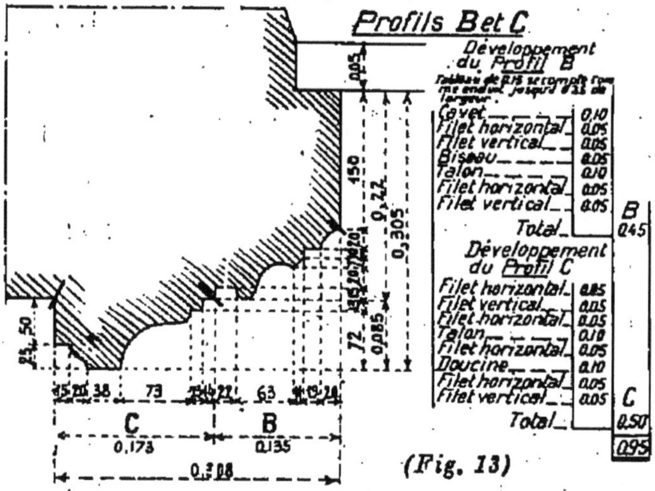

Profils B et C

Développement du Profil B

Cavet	0.10
Filet horizontal	0.05
Filet vertical	0.05
Biseau	0.05
Talon	0.10
Filet horizontal	0.05
Filet vertical	0.05
Total B	0.45

Développement du Profil C

Filet horizontal	0.05
Filet vertical	0.05
Filet horizontal	0.05
Talon	0.10
Filet horizontal	0.05
Doucine	0.10
Filet horizontal	0.05
Filet vertical	0.05
Total C	0.50
	0.95

(Fig. 13)

Reports		18.29		18.27
Au droit tableaux et voussures suivant profil B (en 3 sens).				
6 fois 2.34 Rt . . 14.04	18.06			
3 fois 1.34 Rt . . 4.02				
6 angles rentrants.				
6 chaque 0.20 . .	1.20			
6 amortissements chaque 0.05 .	0.30			
Ensemble	19.56			
× 0.45 Ct profil B.		8.80		
Moulure d° formant doubleaux et sommiers suivant profil C (fig. 13).				
(partie haute).				
En plate-bande.				
3 fois 1.643	4.93			
d° sommiers.				
6 fois 0.41.	2.46			
$(0.50 - \frac{0.173}{2} = 0.41)$.				
A reporter.	7.39	27.09		18.27

Reports . . .		7.39	27.09	18.27
Retour en cordon.				
6 fois 0.17	1.02			
saillie épaisseur 6 fois 0.04	0.24			
	1.26			
à % 1/2 à la main . .		1.89		
12 angles rentrants.				
12, chaque 0.20		2.40		
6 saillants.				
6, chaque 0.15		0.90		
6 amortissements.				
6, chaque 0.05		0.30		
Ensemble		12.88		
× 0.50 Ct profil. C.			6.44	
Tableaux de baies.				
Crépi enduit en plâtre au sas et P. V. de faible largeur.				
6 fois 2.24 Rt. / 2	13.44			
× 0.15 largeur . . .	2.02.			
à 0,33 de légers.			0 67	
Voussure.				
Crépi enduit d° d°.				
3 fois 1.20 . . .	3.60			
× 0.15	0.54			
à 0.66 de légers. . . .			0.36	
Baies au 1er étage.				
Appuis moulurés en plâtre au sas traînés au calibre suivant profil D (fig. 14, page 54).				
Longueur moyenne entre pilastres.				
LR.		7.53		
Ressaut à la main.				
2 fois 0.08	0.16			
à % 1/2		0.24		
A reporter. . .		7.77	34.56	18.27

Profils D et E
Profil D
Appui
Développement
Filet vertical 0.05
Biseau 0.05
Scotie 0.10
Filet vertical 0.05
Baguette 0.10
Filet vertical 0.05
Filet horizontal 0.05
0.45
Bandeau D
0.19
0.14
0.05
0.22
0.33
Frise
Cette frise comprise entre 2 moulures traînées séparément, doit être comptée comme enduit jusqu'à 0m.35 de largeur
Profil E
Développement
Socle:
Pente 0.05
Table 0.15
Corniche:
Pente (comprise entre moulures) 0.085
Filet vertical 0.05
Congé et plate bande (moulure mixte) 0.10
Mouchette de larmier 0.05
Doucine 0.12
Filet 0.05
Frise:
Congé et table 0.16
Astragale:
Filet vertical 0.05
Talon 0.10
Tarabiscot (horiz.) -
Filet horizontal 0.05
Filet vertical 0.05
Filet horizontal 0.05
1.115
0,150
0,160
Socle
0.085
0,255
Corniche
0.08
0,155
Frise
0.05
astragale
E

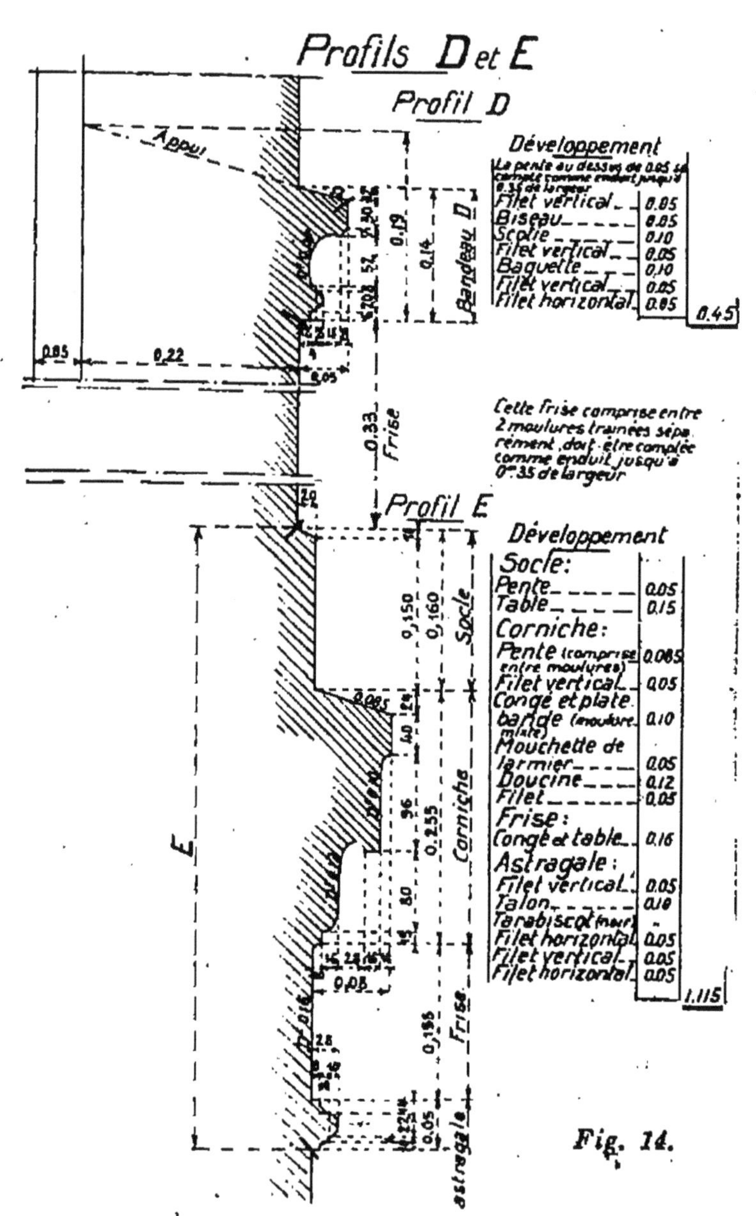

Fig. 14.

Reports	7.77	34.56	**18.27**
Faces pilastres.			
2 fois 0.512	1.024		
Retours faces latérales.			
2 fois 0.411	0.822		
2 angles rentrants.			
2, chaque 0.20.	0.40		
4 angles saillants.			
4, chaque 0.15.	0.60		
2 amortissements.			
2, chaque 0.50.	0.10		
Ensemble	10.716		
× 0.45 Ct profil D.		4.82	
Enduit d° des Jouées de moulures.			
2, chaque 0.05 légers		0.10	
Arêtes de pilastre dessus de moulure 4 à 0.03.		0.12	
Dessus de bandeau, et appuis des croisées.			
Crépi enduit en plâtre au sas et renformis de 0.01 pour pente compris P. V. de faible largeur.			
Linéaire dans œuvre. . 7.48			
2 fois 0.132 . . . . . 0.264			
2 fois 0.46 . . . . . 0.92			
Retours 0.13			
0.30			
0.43 × 2 = 0.86			
Ensemble. . . . 9.524			
Dont aux droits croisées.			
Crépi enduit d° et renformis.			
3 fois 1.20 . . 3.60			
× 0.23 larg. . »	0.83		
Reste. 5.924			
× 0.052 larg.	0.31		
A reporter	1.14	39.60	**18.27**

Reports. 1.14 39.60 **18,72**

à 0.40 de légers 0 46
(0.33+2 fois 0.035 = 0.40)

Rappointis et lardis de clous fournis.

Ensemble . . . 1 kg. 800
à 2.30 le kilog **4.14**

Frise au-dessous.

Crépi enduit en plâtre au sas et P. V. de faible largeur.

LR dans œuvre . . 7.58
côté pilastre.
2 fois 0.08 . . . 0.16
Ensemble 7.74
7.74 × 0.33 Ht . . . 2.55
à 0.33 de légers 0 84

Faces des pilastres.

Crépi enduit au sas et renformis de 0.06 pour saillie et plus-value de faible largeur.

2 fois 0.46 . . . . . . 0.92
à 0.33 Ht 0.30
à 0.75 de légers 0.23
(0.33 + 12 fois 0.035 = 0.75).

Arêtes en plâtres.
4 fois 0.33 . . . . 1.32
× 0.05 Ct légers. 0.07

En retour sur façade latérale.

Crépi enduit au sas et P. V. de faible largeur.

2 fois 0.30 × 0.33 = 0.20
à 0.33 de légers 0.07

Bandeau mouluré en plâtre d° couronnant le rez-de-chaussée traîné au calibre suivant profil E (fig. 14).

Longueur moyenne entre pilastres.
LR 7.455

A reporter 7,455 41.27 **22.41**

Reports	7.455		41.27	22.41
Ressauts (à la main).				
2 fois 0.08.				
à % 1/2	0.24			
Faces pilastres.				
2 fois 0.585 Rt. .	1.170			
Retours faces latérales.				
2 fois 0.422. . .	0.844			
2 angles rentrants.				
2, chaque 0.20 . .	0.40			
4 d° saillants				
4, chaque 0.15 . .	0.60			
2 amortissements.				
2, chaque 0.05 . .	0.10			
Ensemble . . .	10.809			
× 1.115 Ct profil E, fig. 14			12.05	
Enduit au plâtre au sas des jouées de moulure.				
2, chaque 0.10 légers			0.20	
Arêtes de pilastres dessus de moulure.				
4, chaque 0.04			0.16	
Rappointis et lardis de clous fournis.				
Ensemble . . . . 4 kg. 000.				
à 2.30 le kilog				9.20
Dans la hauteur du rez-de-chaussée.				
Crépi en plâtre au panier et mouchetis au balai en plâtre au sas.				
Entre pilastres.				
7.54 × 3.40 Ht		25.64		
Déduire baies :				
Croisées.				
2 fois 0.90 × 2.165 Rt .	3.90			
porte 1.60 × 1.70 Ht . .	4.32			
A reporter	8.22	25.64	58.68	31.61

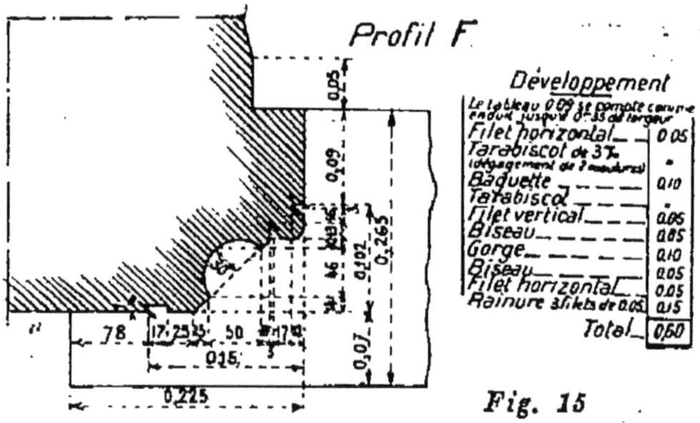

Profil F

Développement

Le tableau 0.09 se compte comme enduit jusqu'à 0m.35 de largeur

Filet horizontal	0.05
Tarabiscot de 3 m/m (dégagement de 2 moulures)	»
Baguette	0.10
Tarabiscot	»
Filet vertical	0.05
Biseau	0.05
Gorge	0.10
Biseau	0.05
Filet horizontal	0.05
Rainure 3 filets de 0.05	0.15
Total	0.60

Fig. 15

Reports	8.22	25.64	53.68	**31.61**
moulures chambranles.				
4 fois 2.24 . . . . 8.96				
2 fois 1.05 . . . . 2.10				
2 fois 2.775 . . . . 5.55				
1 fois 1.75 . . . . 1.75				
Ensemble 18.36				
× 0.15. . . .	2.75			
Appuis.				
2 fois 1.28 Rt × 0.15 Ht.	0.37			
2 fois 0.90 × 0.06 . .	0.11			
Ensemble à déduire		11.45		
Reste		14.19		
à 0.30 de légers			4.26	
Plus-value pour enduit de faible largeur sous appuis.				
2 fois 1.35 . . .	2.70			
× 0.325. . . .	0.88			
à 0.08 de légers.			0.07	
A reporter			58.01	**31.61**

Reports		58.01	**31.61**
Moulures chambranles en plâtre au sas traînées au calibre suivant profil F (fig. 15, page 58)			
4 fois 2.26 Rt . .	9.04		
2 fois 1.05 . . .	2.10		
2 fois 2.775. . .	5.55		
1 fois.	1.75		
6 angles rentrants. 6, chaque 0.20. .	1.20		
6 amortissements 6, chaque 0.05. .	0.30		
Ensemble . .	19.94		
× 0.60 Ct profil F		11.96	
Tableaux.			
Crépi enduit en plâtre au sas et P. V. de faible largeur.			
4 fois 2.165 . . 8.66 } 2 fois 2.70. . . 5.40 }	=14.06		
× 0.09	1.27		
à 0.33 de légers		0.42	
Voussure.			
Crépi enduit en plâtre au sas et P. V. de faible largeur.			
2 fois 0.90 . . 1.80 } 1 fois. . . . 1.60 }			
× 0.09 3.40 = 0.31			
à 0.66 de légers		0.20	
Baies du rez-de-chaussée, Appuis moulurés en plâtre au sas suivant profil G (fig. 16, page 60).			
2 fois 1.28 Rt .	2.56		
Retours à la main. 4 fois 0.035 Rt à % 1/2 .	0.21		
A reporter	2.77	70.59	**31.61**

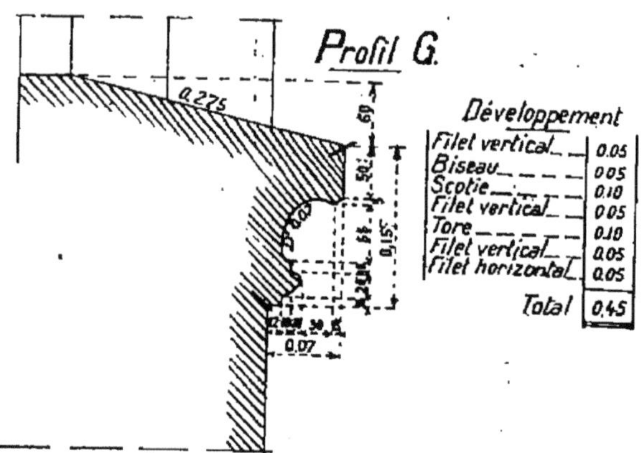

Fig. 16.

Reports.	2.77	70.59	**31.61**
4 angles saillants.			
4, chaque 0.15.	0.60		
4 amortissements.			
4, chaque 0.05.	0.20		
Ensemble	3.57		
× 0.45 Ct profil G		1.61	

Dessus appuis.

Crépi enduit en plâtre au sas renformis de 0.02 pour pente et P. V. de faible largeur.

2 fois 0.90×0.275	0.50		
à 0.47 de légers.		0.23	

Pilastres.

Crépi enduit en plâtre au sas et renformis de 0.06 our exécution de refends.

Faces pilastres.			
2 fois 0.50	1.00		
A reporter	1.00	72.43	**31.61**

Reports. 1.00 — 72.43 — **31.61**

Côtés intérieurs.
2 fois 0.08. . . 0.16
Retours faces latérales.
2 fois 0.38. . . 0.76 } × 1.92
× 3.40 . . . . 6.53 H.
à 0.67 de légers 4.38

Coupement de rives en plâtres pour arrêt d'enduit sur façades latérales en retour.

2 fois 3.40 Ht . . 6.80
× 0.03 Ct légers. 0.20

Refend horizontal.

3 faces en plâtre au sas traînés au calibre en imitation pierre de taille.

14 fois 0.08 . . 1.12
14 fois 0.50 . . 7.00
14 fois 0.38 . . 5.32 } 13.44
× 2 pilastres d° = 26.88
× 0.15 Ct profil 4.03

Arêtes en plâtre.

4 fois 3.40 . . . 13.60
× 0.05 Ct légers 0.68

Soubassement en brique apparente.

Parement dressé et jointoiement en mortier n° 3 de ciment 1.

Longueur entre pilastres.
LR 7.52
Déduire porte . . . 1.60

Reste 5.92
Côtés intérieurs des pilastres.
2 fois 0.08 . . . 0.16
Faces pilastres.
2 fois 0.52 . . . 1.04

A reporter . . 7.12 — 81.72 — **31.61**

Reports . . . 7.12. . . 81.72 31.61

Retours faces latérales.
2 fois 0.39 . . . 0.78

Ensemble . . . 7.90
× 0.30 hauteur. 2.37
Tableaux.
2 fois 0.18 × 0.09 . . 0.03

Ensemble . . . 2.40
à 12.80 le m². 30.72

Plus-value d'échafaudage vertical pour exécution de ravalement au-dessus de 4^m^ de hauteur.

Façade . . . 8.54
Retours.
2 fois 1.00 . . 2.00 10.54
× 7.40 Hauteur . . . 78.00
à 0.34 échafaud. . . 26.52

Plancher de garantie en éventail.

9.54
2 fois 2.30 Rt . 4.60

14.14

× 2.50 . . . . . 35.35
à 0.53 échafaud. . 12.37

Ensemble échafaud. . 38.89
à 4.70 le M unité. 182.78

Bouchement de trous de boulins compris raccords d'enduit en plâtre d°.

Ensemble. . . 32 trous
chaque 0.08 légers 2.56

Ensemble légers ouvrages 84.28
à 22.60 le M unité. . (1.15 coeff. 3e tr. 1925). 2190.44

Montant total. 2435.55

TABLE DES MATIÈRES

1926. - Imp. LETOUZEY ET ANÉ, 87, bd Raspail, PARIS-VI. - R. C. Seine 218.200

www.ingramcontent.com/pod-product-compliance
Ingram Content Group UK Ltd.
Pitfield, Milton Keynes, MK11 3LW, UK
UKHW022129260726
13993UKWH00003B/1325

9 782329 205663